山西文物精华丛书

历史的卷轴

——山西古代建筑

山西省文物局◎编

郑庆春　杨国柱◎著

山西出版传媒集团

三晋出版社

郑庆春

（1959—2017），山西五台人，1985 年山西职工文学院汉语言文学专业毕业，山西省古建筑研究所副研究馆员，长期从事古建筑研究保护工作。主编和参与编著《中国文物地图集 · 山西卷》《中国文物大典 · 山西部分》《山西通志 · 文物志》《土木华章 · 山西古代建筑巡礼》《山西建筑发展史》等著作。

杨国柱

1967 年出生，山西新绛人，1990 年山西大学历史系考古专业毕业，山西省文物资料信息中心副主任、副研究馆员，长期从事文物博物馆行业信息化工作。主编和参与编著《文物景观游》《晋宝藏·山西省馆藏文物精华》《山西通志·文物志》《山西古代建筑楹联匾额选编》等著作。

【总序】

山西之美，在自然，在环境，在文化。在自然，其山河表里，风韵独特；在环境，其地设天造，浑然一体；在文化，其厚德载物，历久弥新。

大河之东，太行之右，历史悠久，文物灿烂，若星宿列张，蔚为大观。

山西地上文物丰富，就是一座“中国古代建筑博物馆”，从北到南，从东到西，28000余座文物建筑鳞次栉比。世界文化遗产云冈石窟、平遥古城、五台山享誉海外，1400余公里的战国、汉魏、隋、五代、明等历代长城及附属设施横亘云朔，沁河流域百余座独特的聚落堡寨星罗棋布，占全国七成以上元代以前的400余座古建筑原真保存，唐佛光寺、宋圣母殿、辽释迦塔、元永乐宫、明悬空寺等文化景观蜚声世界，12000余尊历代彩塑、24000余平方米寺观壁画、2300余座元明清戏台萦心动魄。

山西地下文化遗产同样多彩多姿：中国最早的旧石器和用火痕迹，在芮城的西侯度；最早的“中国”——尧的都城，在襄汾的陶寺；曲沃晋侯墓地、侯马新田都城和太原赵卿墓等考古发现，印证了晋国奋发图强的历程；大同平城和太原晋阳城的考古发掘，大同司马金龙墓、忻州九原岗大墓、太原娄睿墓和徐显秀墓出土的惊世文物，见证了山西在华夏民族历史融合中的辉煌地位；太原虞弘墓、蒲州古城和蒲津渡铁牛的考古发掘，再现了北朝、隋唐时期东西文化交流的繁盛。

山西博物馆的历史已走过百年。山西的 11 座地级城市，都拥有以收藏、展示、服务为核心的共享空间，博物馆成为山西城市文化的标配，成为人民增长知识、研究学问和休闲小憩的文化会客厅。据 2018 年统计，以山西博物院、中国煤炭博物馆、八路军太行纪念馆等为代表的全省 150 座博物馆，年接待观众 2700 余万人次，推出展览上百个。

过去的百年，山西致力于矿产资源的开采，支撑起了山西乃至全国工业化和现代化的腾飞；今后的百年，山西将更加重视文化资源的保护、开发和利用，这份独一无二、不可再生的历史文化遗产，将在中华民族的伟大复兴进程中做出独特的贡献。

山西文物厚重丰饶，著录庞杂浩繁。出版“山西文物精华丛书”，以分类成编，向世人介绍山西文物之美，以收画龙点睛之效，以方便读者旅游和研究，是为初衷。

山西省文物局

2019 年 6 月

【前言】

山西是中华民族的发祥地之一，悠久的历史曾创造了灿烂的古代文化，而古代建筑就是凝聚了先祖伟大创造的文化遗产之一。中国古建筑自新石器时代萌芽，在长达六七千年的历史长河中，逐渐形成一个以土木结构为主体的、个性独特的建筑体系，成为中华文明的宝贵财富。山西现存木结构古建筑以封建社会中晚期的宗教建筑数量最多，价值也最高，时代从唐代至清代一脉相承，最为完整地展现了中国古代建筑在不同历史时期的风采。这些魅力独特的古代建筑保存了古代的建筑、雕塑、壁画、碑刻、文献等珍贵文物，堪称古代社会的全息图像，真实地反映了古人的技术水准、哲学思想、审美情趣和艺术风采。这些历经千年以上的古建筑，分布在三晋大地上，像一部部立体的史书，犹如一幅瑰丽的画卷，记录了历史发展的轨迹。热爱中华历史文化，尤其是热爱中华古建文化的读者，必从欣赏山西古建筑遗存始。

【目录】

总　序
前　言
第一章　历史长卷 / 001

木石史书——山西古建筑文化 / 002
凝固乐章——建筑艺术 / 014
东土祠庙——庙堂宫观 / 023
西天伽蓝——佛教寺院 / 032

第二章　大唐遗珍 / 039

法难方舟——五台山南禅寺 / 040
梵林宝刹——五台山佛光寺 / 049
大唐孑遗——广仁王庙 / 060
浮图舍利——北齐至唐代的砖石塔 / 064

第三章　乱世佛音 / 069

唐韵流转——平顺天台庵 / 070
乱世遗珠——平遥镇国寺 / 072
峰锁龙门——平顺龙门寺 / 081
紫殿红楼——平顺大云院 / 090

第四章　西京梦华 / 099

西京祖庙——大同华严寺 / 100
薄伽教藏——大同下华严寺 / 109
峻极神工——应县佛宫寺木塔 / 116
世尊善化——大同善化寺 / 125
北魏名刹——灵丘觉山寺 / 134

第五章　走向世俗 / 141

晋水圣母——太原晋祠 / 142
慈林圆觉——长子法兴寺 / 151
紫云梵刹——长子崇庆寺 / 158
硖石双璧——晋城青莲寺 / 166
群仙荟萃——晋城玉皇庙 / 174
开化禅林——高平开化寺 / 184

第六章　法雨禅风 / 195

塞外巨刹——朔州崇福寺 / 196
净土莲影——应县净土寺 / 205
彩壁灵光——繁峙岩山寺 / 210

第七章　承前启后 / 217

全真圣地——芮城永乐宫 / 218
汉唐古刹——洪洞广胜寺 / 230
森严巍峨——元代衙署 / 241

第八章　落日余晖 / 251

梵天佛地——佛教圣地五台山 / 253
武圣关公——山西的关帝文化 / 273
北岳奇观——恒山建筑群 / 283
双林入灭——平遥双林寺 / 292
琼楼玉宇——隰县小西天、
长治观音堂和悬塑艺术 / 302
巧夺天工——明清楼阁建筑 / 312

附录：古建筑词语浅释 / 321

【第一章　历史长卷】

在古老的三晋大地上遗存着许多古建筑，这些不同形式的古建筑以其讲究的用材、优美的造型、精湛的工艺和绚丽的色彩，独树一帜，具有极高的历史和艺术价值。

山西保存的古代建筑大都为宗教建筑，作为古代宗教文化的主要载体——木结构和砖石结构建筑，现存总数有 28067 处，其中木结构古建筑 18067 座，其中一部分还是中国乃至世界建筑艺术的孤例。尤其是中国封建社会中期（唐—元）的木结构建筑，几乎在每个时期都有完整的实例保存，数量占到国内同期古建筑的 70% 以上，她们有的淡妆素裹，有的富丽堂皇，堪称是立体的古代建筑史，被誉为“中国古代建筑的宝库”。

久远的历史已经逝去，但分布在三晋大地上的这些古建筑就像历史画卷上的坐标，不仅清晰地画出了中国古代建筑发展的轨迹，而且将悠远、厚重的三晋宗教文化显现得五彩斑斓。当我们今天重新面对这些古老建筑艺术瑰宝时，那历尽沧桑的一砖一石仍然可以让我们领略到岁月的流逝和人世间的兴衰。

时代在变化，历史在前进，唯一不变的是前人创造的古建筑依然忠实地保存着历史的真实。随着宗教功能的衰落，这些珍贵的古建筑及其附属文物正成为人们研究古代社会和宗教的具体而真实的第一手资料，日益受到人们的重视和喜爱。

木石史书——山西古建筑文化

建筑不仅是供人们避雨、御寒的物质对象，而且还是呈现人本质力量的精神对象。建筑以其独特的社会性、实用性和艺术性而被看成是人类文明演进和文化发展的标志，曾被称之为凝固的音乐、石头的史诗、艺术的载体，是一种集建筑结构、造型、彩绘、壁画、雕塑等于一身的艺术形式。在古代，建筑集中体现了当时最先进的物质材料、工艺技术的成就，是当时人类文明发展阶段的标志。山西的古代建筑是现存文物类型中体量最大、数量最多、保存各种艺术品文物最为丰富的一种。古人将建筑功能与审美观念有机地融为一体，将想象力和创造性溶于建筑的内容和形式中，从而创造出富于韵律、节奏起伏的绚丽多姿、风格各异的艺术形象，弹奏出了不同风格的建筑乐章。这些丰富的建筑不仅以优美的形象装点着三晋大地的锦绣河山，而且以它们发展的历程诉说着中华民族悠久的历史文化，成为一本用土木砖石写成的不朽史书。

古代的山西是一个富有文化特色的地区。这里是人类祖先最早开发的地区之一。山西南部地区长期处于黄河流域中原文化圈的中心地带。尧、舜、禹时期，这里曾是华夏的政治中心，因而这里的文化发展长期居于领先地位。山西西、南两边为黄河天堑，东边是太行山，北边为沙漠戈壁，凭山控水，据高负险，自古就有“表里河山”之誉，构成一个易守难攻的天然军事要地。山西资源丰富，晋东南产铁，晋南产盐，晋北有马，加上河东的粮棉，是一个休养生息、养精蓄锐的好地方。也就是说，无论是防御，还是进攻，山西都有特别重要的军事价值。因此，山西自古以来就是兵家必争之地，争战频繁，朝代不断更迭。正因为山西这种特殊的军事地理位置，自夏王朝以后，历代统一的王朝大都在山西附近建立都城，如周、秦、汉、唐、北宋、元、明、清等朝代，山西地区在这些朝代都被视为京畿藩屏。因此，山西地区在古代社会中长期处于举足轻重的重要地位。而在雁门关之外，历来就是游牧民族的天下，曾多次历经游牧区和农耕区的变化。北方强盛起来的游牧民族常常通过这里与中原地区保持着不同形式的联系，中原文化与北方游牧文化在这里交流、碰撞、融合，由此也形成了山西地区文化的独特风格。

山西的古代文化是一种兼收并蓄的多元文化，构成了山西深厚而丰富多彩的历史文化。发轫于晋东南地区的炎帝神农和晋南地区的尧帝文化成为山西早期文化的直接源头。炎帝神农尝百草，开农耕文明之先河，至今在古上党地区仍保存着炎帝的陵、宫和不计其数的祠

襄汾陶寺遗址出土彩绘龙盘

山阴白草岭东侧山坡上的明代长城

代县雁门关城楼及李牧祠 1996

庙等遗迹。尧帝是太平盛世的尧王，他以博爱的禅让胸怀传颂千古，以“尧阶三尺”“茅茨土阶”的俭朴生活垂范后世。此外，历山的舜王坪、禹门口无不诉说着这些先贤的圣德。但是凝聚着他们当时辉煌经历的建筑物由于岁月的流逝许多都已湮没在历史的烟云中。我们把山西文化和建筑艺术的源头追溯到远古时代，不仅可以依凭浩瀚的史籍和悠久的传说，而且至今仍有大量的遗迹可寻，足以证明山西的文明历史源远流长。

羊头山

大禹渡

舜陵

山西最早的建筑可以追溯到原始社会的石器时代。在那个人类与猛兽共处的时代，我们的祖先就栖身于树林、天然岩棚或洞穴中。经过穴居、半穴居，到出现地面建筑，以至带台座的地面建筑……经过漫长而不懈地努力，我们的祖先终于成功创造了能够遮风雨、避暑寒的居住之所，用土与木谱写了一曲曲华美的乐章。

1980 年在吕梁山上的石楼县岔沟村，曾发掘出 20 多座龙山文化时期的古人类居址，其中 F3 号保存最完整。居址的平面呈凸字形，居室呈椭圆形，中央有圆形烧灶，南面有一条凸出的门道，门在门道顶端中央，门外有一片院落，院落的西侧有一个室外的露天灶坑。房子构思巧

天龙山石窟第 16 窟檐

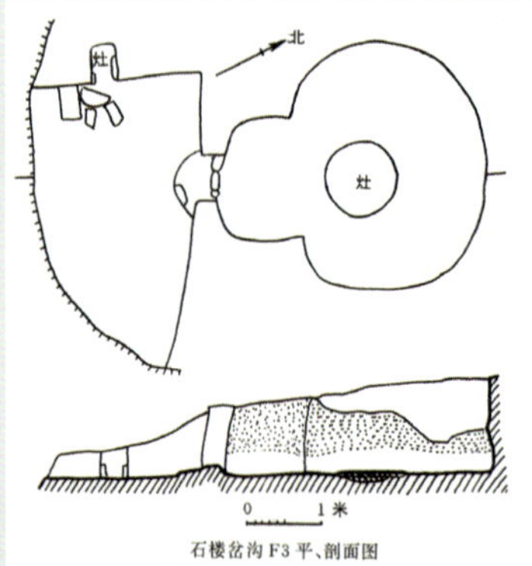

石楼岔沟遗址平面图

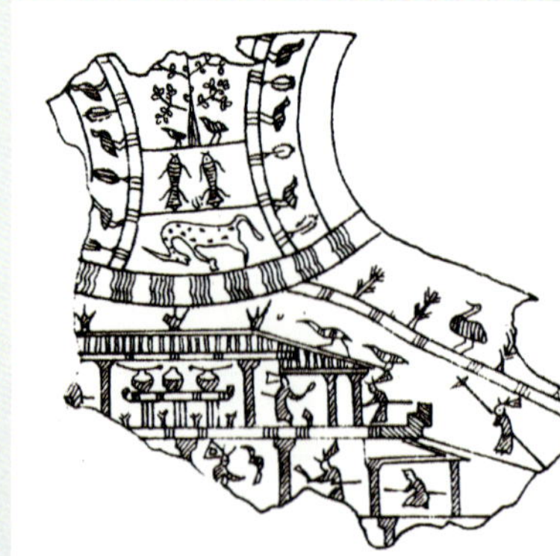

长治分水岭铜匜

妙，是迄今发现的时代最早的黄土窑洞建筑之一。由于时代的久远，关于唐代以前建筑的成就和艺术我们已经无缘窥其全貌，仅能从出土的一些秦砖汉瓦和石窟中的建筑形象以及一些考古遗址中想象到当年建筑的盛况。20 世纪 70 年代在长治市分水岭战国墓中出土了一件铜匜，铜匜上残存着一座楼阁式建筑形象图，屋脊上有鸟形饰物，屋顶平缓，两层柱头间饰有斗形，是山西省发现的最早的建筑中使用斗的实例。北朝时期的建筑形象在大同云冈石窟、太原天龙山石窟中的建筑形象已相当完备。

漫长的历史年代是滋养信仰和宗教的沃土，祭祠首先发源于斯。滋生于本土的道教和两汉之际传入中国的佛教都

绿釉池中望楼（平陆）

云冈北魏中期九层塔

第 9 窟前室西壁屋形龛

后土庙

敦煌壁画五台山图

在山西扎下了根。从传说的黄帝在汾阴设坛祭祀后土起，祭祀已历5000年。唐、五代、宋、辽、金时期，是中国封建社会的中期，灿烂的古代建筑遍及全省，形态各异。中国现存最早的四座木结构唐代建筑，有三座属佛教，一座是道教，全部在山西。分布在三晋大地的众多寺庙，以佛教和道教为主，不仅保存了古代建筑寺院布局以及建制结构的演变过程，是中古时代木构建筑的精华，而且寺庙中供奉的神灵之多，附属的彩塑、壁画数量之多，题材之广，都是极为罕见的。

隋唐在长期动乱以后复归统一，尤其盛唐时代，政治安定、经济繁荣、国力强盛，是中国封建社会的繁盛期，建筑艺术也取得了空前成就，中国建筑的架构和风格在这个时期基本定型。隋唐建筑艺术风格可用“雄浑壮丽”四字来概括，具有可贵的独创精神，且重视本色美，气度恢宏从容，非常注重建筑整体的和谐与真实，造型浑厚质朴，已较多采用凹曲屋面与屋角起翘，内部空间组合变化也很适度。山西民风淳朴，信仰虔诚，许多交通闭塞的偏僻山乡，战火难及，因而其他地区早已绝迹的唐五代建筑得以幸存。山西现存的五台山南禅寺大殿和佛光寺东大殿、芮城广仁王庙大殿、平顺天台庵大殿 4 座唐代木结构建筑，虽然规模都不是很大，远不能代表唐代建筑的整体风貌，但窥一斑见全豹，这些唐代建筑中表现出的朴实大气、雄浑舒展、凝练规整的结构，体现出的却是大唐的时代精神。

宋、辽、金、元时期，山西的建筑艺术最为辉煌。中国现存的宋、辽、金、元时期的木构建筑，山西占十之七八，以宗教门类居多。

五代后期，契丹建立的辽政权占据了山西北部地区，使这里保存下很多的辽代建筑遗存。辽代建筑保持了唐、五代北方地区雄健爽朗、古朴劲健的风格。辽代建筑在山西主要以应县佛宫寺释迦塔，大同下华严寺薄伽教藏殿、善化寺大雄宝殿为代表。佛宫寺释迦塔建于辽清宁二年（1056），是中国现存唯一的一座纯木结构高层建筑，塔呈平面八角形，高五层六檐，层间设平座形成暗层，故实为九层，上下层之间采用叉柱造，是辽金时期建筑的重要特征。薄伽教藏殿建于辽重熙七年（1038），殿内外共用不同形式的八种斗拱，转角铺作加了抹角拱，是辽代建筑特有的手法，殿内的 38 间楼阁式壁藏为辽代小木作重要遗物。善化寺大雄宝殿七间庑殿式，殿内无平綦，空间开阔而高敞，是辽代大型殿堂之一。

佛宫寺释迦塔

下华严寺天宫楼阁局部

崇明寺中殿断梁结构

崇明寺中殿

宋代建筑继承了唐、五代建筑稳固的结构形式，并加以制度化，风格趋于柔和秀丽、典雅劲健。宋代初期的建筑还保存较多的唐代风格，如建于开宝四年（971）的高平崇明寺中殿，即保留着唐代建筑斗拱硕大、檐出较长、殿顶举折平缓的风格，其殿内梁架为复梁式，中上层梁栿为两段对接，俗称“断梁”，结构奇特，是古代小材大用的独特创举。晋祠圣母殿建于太平兴国九年（984），崇宁元年（1102）重修，大殿副阶周匝，前廊深达两间，前檐廊柱上盘绕木雕盘龙 8 条，是我国古代建筑中殿周施廊且廊柱上雕饰蟠龙的最早实例。大殿角柱生起明显，上檐尤其显著，使整座建筑具有柔和的外形，与唐代建筑浑朴的风格迥异。

晋祠圣母殿盘龙柱

晋祠圣母殿

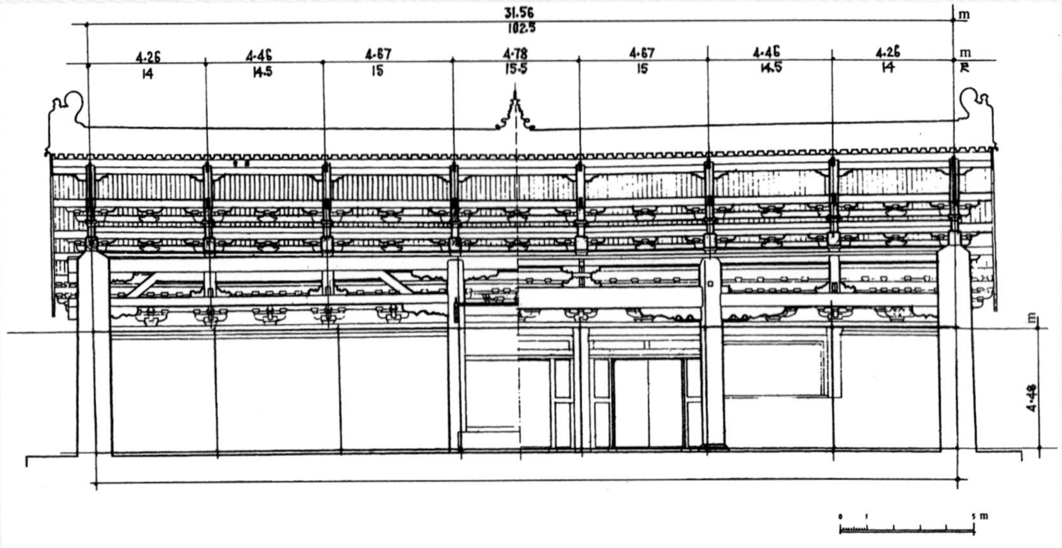

佛光寺文殊殿纵断图

女真族建立金政权后，也十分崇信佛教，继承了辽代社会盛行佛教的风气，占据黄河流域后，更受到宋地佛教的影响。保存于山西的金代寺观建筑明显受到了辽、宋两朝不同的影响。位于山西北部的寺观建筑的风格多承袭辽代雄浑壮丽的风格，而山西南部则较多吸收了宋代柔丽雅致的手法，体量较小。金代建筑中以五台山佛光寺文殊殿最著名，金天会十五年（1137）建，悬山顶，殿内前后檐间施庞大的斜拱，具有辽、宋两朝建筑的明显特征。梁架结构采用“减柱法”，且殿内柱大多减去，7 间大殿内仅用 4 根内柱，这在宋金建筑中颇为特殊。柱头卷杀，四角柱显著生起，比《营造法式》规定的“七间生起六寸”增高近一倍，其结构形式，为全国现存木构建筑孤例。

元代的建筑在山西保存较多，有 300 余座，分布遍及全省各地。其建筑多依唐宋建筑的故址兴建，在总体布局上大多延续着宋金时期的布局形式，许多建筑也沿用了唐宋的规制。在建筑结构方面，采用移柱或减柱的方法扩大殿堂的空间，大量使用大额枋构架、自然材和弯材，建筑外观呈现出粗犷的气势，成为山西元代建筑的主要特点。芮城永乐宫为元代北方全真教的三大宫观之一，坐北朝南，4 座元代殿堂垂直排列在中轴线上，两侧不设廊庑和配殿，将三清殿、纯阳殿、重阳殿 3 座主体建筑用宽大的甬道相连，具有宫廷建筑布局的雄壮气魄，建筑规制具有一些官式做法，是元代全真教鼎盛时期的实物例证。洪洞广胜寺为山西元代建筑中地方手法表现较多的典型实例，寺分上下两寺，部分建筑为元代建筑，明代重修，建筑结构上，大量使用移柱和减柱法扩大使用空间，梁架结构改用大爬梁和斜梁，是元代在木构建筑上的创造，充分体现了山西地区元代建筑的显著特征。

我们把山西古老的建筑艺术追溯到远古，不仅是因为这块热土孕育了中华民族远古的源头，而且这些古老的建筑遗迹是中国古代社会的辉煌见证。当中华大地上，无数辉煌的建筑随着时间的流逝而成尘烟时，山西恰恰保存了一大批封建社会辉煌时期的古代建筑，成为见证历史、见证文明的证据。在漫长的封建社会，山西是重要的军事战略要地，群雄争霸，多少王侯将相在山西折戟沉沙，又有多少豪杰据山西而称王称霸，但是在漫长的历程中，无一不受到古老文明的熏陶。多少祠庙、多少寺观，沉静在山野之中、巷陌之间，它们的艺术风格，见证了历史，见证了今天，如同醇厚的美酒，时间愈久，味道愈醇。

佛光寺文殊殿立面图

凝固乐章——建筑艺术

山西素有“中国古代建筑宝库”的美誉，这不仅是因为山西保存的古建筑数量巨大、形制独特，而且是因为这些古建筑是中国封建社会中期的典型作品而愈显珍贵。雄浑壮美的唐、五代、辽建筑，严谨端丽的宋金建筑，朴实豪放的元代建筑，精致典雅的明清建筑，都是中国古代建筑成就的重要代表。科学的结构、优美的造型、严谨的布局和多彩的装饰，就如同是用独特的东方建筑语言谱成的土木华章，通过节奏和韵律展示了中国古典建筑的风格和魅力。

唐代建筑正立面图

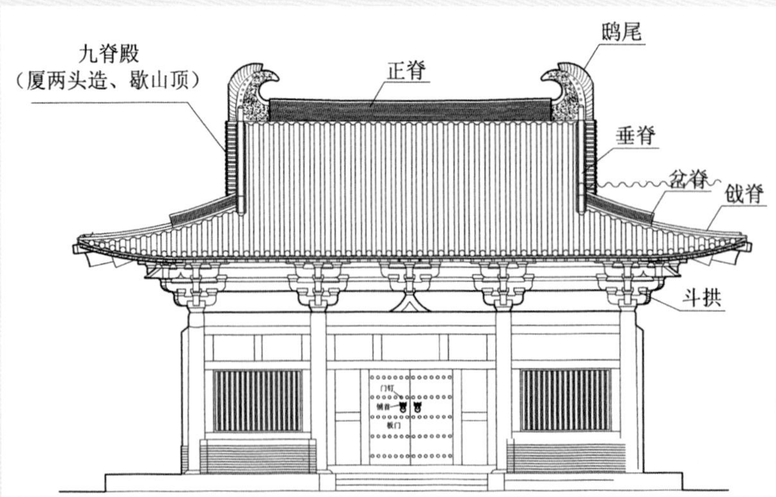

应县木塔剖面图

巧妙而科学的框架式结构

中国传统建筑在建筑结构上最重要的特征就是采用木质框架式结构。因为古代建筑主要是木构架结构，即采用木柱、木梁构成房屋的框架，屋顶和屋檐的重量通过梁架传递至立柱，再由立柱传导至地面，从而形成一种结构复杂、工艺严格，但结实牢固、经久耐用的建筑结构形式。从我国最早的建筑出现至明清时期上下几千年间，尽管建筑的结构材料在不断地改进，但这种木质框架结构的传统始终保存，从而成为中国传统建筑独特的建筑形式。墙在房屋的结构中不承担主要重量，只起隔断作用，所以汉语中有“墙倒屋不塌”“拆东墙补西墙”之说，概括地描绘出了中国建筑这种框架式结构最重要的特点。这种结构，可以使房屋在不同的气候条件下，满足千变万化的功能要求。同时，由于房屋的墙壁不负荷重量，门窗的设置有极大的灵活性。

在中国传统木结构建筑中运用广泛的榫卯和斗拱技术是建筑匠师在长期的实践中创造的建筑工艺技术，具有鲜明的中国特色。榫卯是用凹凸方式连接构件的技术。榫，指榫头，木构件一端凸出的部分；卯指卯眼，木构件中凹进的部分。在工程中将需要连接的构件连接处制成榫头和卯眼，使之自然连接，不使用钉子，这种用榫卯连接的构件坚固自然，普遍用于建筑的构件组合中,形成富有弹性的结构框架。早在新石器时期我们的祖先就已经能够比较熟练地使用这种技术了。

斗拱是中国传统木结构建筑中特有的构架技术，主要使用在宫殿、寺庙及其他高级建筑的结构中。斗拱主要由方形斗和弓形的拱组成，纵横交错，逐层向外挑出。这种结构方式大约在周代时萌芽、唐宋时定型、明清时衰落。明清以前，斗拱在建筑中兼具结构和装饰的双重作用，在结构上是屋架的一个组成部分，既用于传递梁架荷载，承托伸出的檐，将屋顶的重量直接和间接地传导到柱头上，同时还具有装饰作用，用在不同部位的斗拱形式有几十种之多。在封建社会中斗拱还是区别建筑等级的标志之一，其不同的层数代表着不同的等级，有着严格的区分。明清以后，由于结构简化，梁直接放在了柱上，致使斗拱的结构作用几乎完全消失，逐渐成为一种纯粹的装饰。

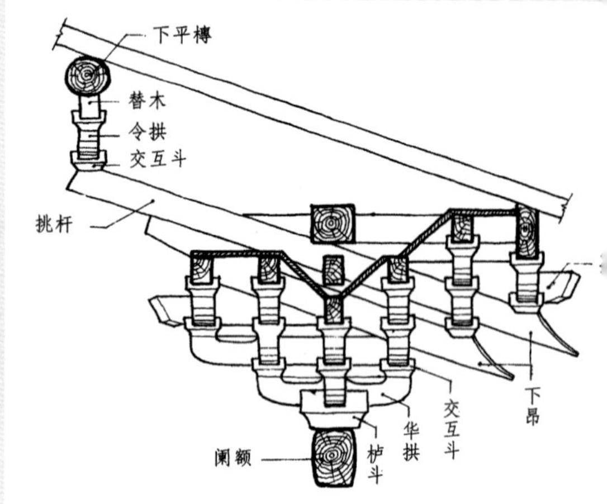

昂的杠杆作用

斗拱示意图

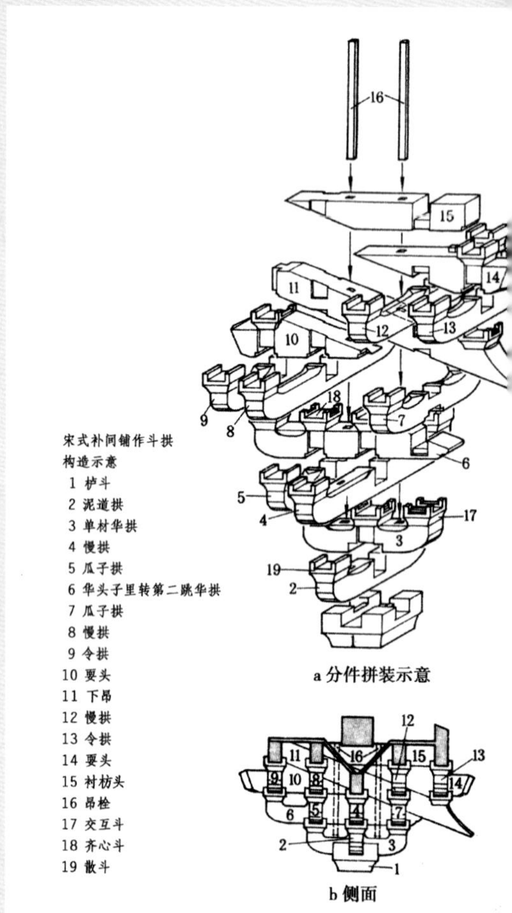

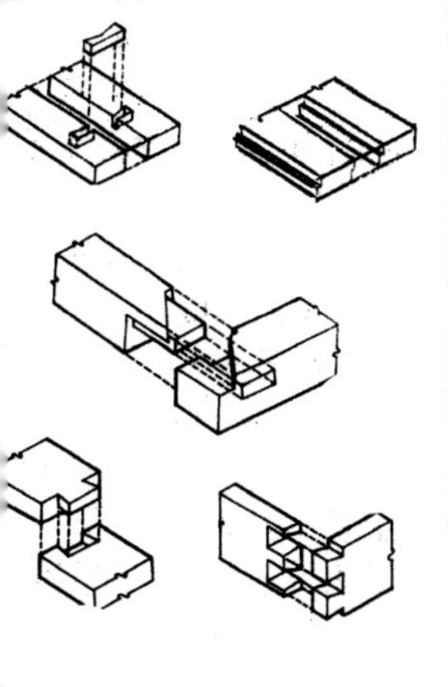

榫卯结构示意图

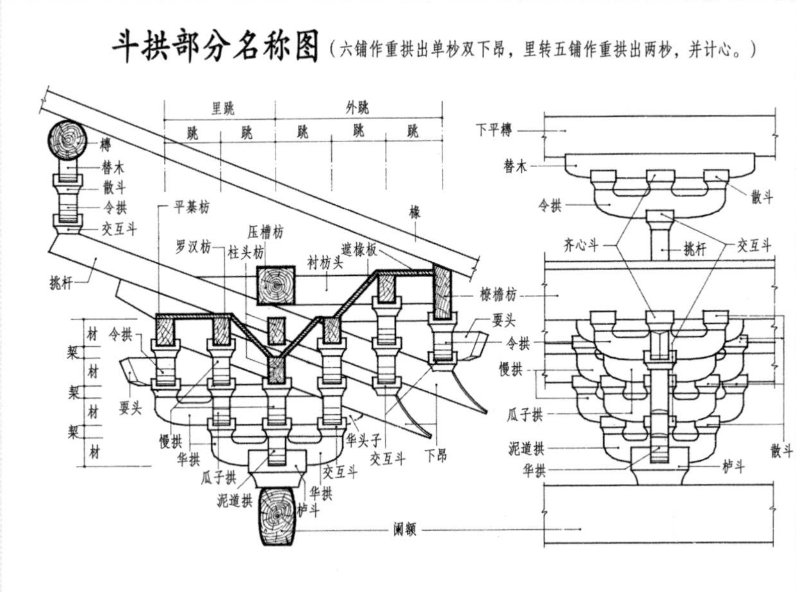

斗拱部分名称图

佛光寺东大殿结构图

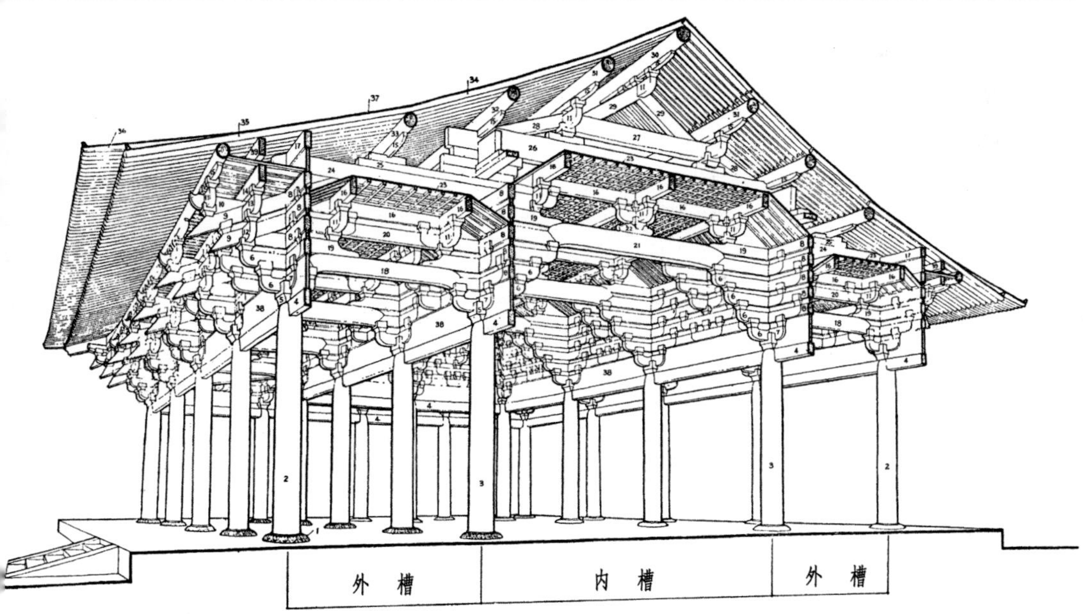

1. 柱础	6. 华拱	11. 令拱	16. 平綦枋	21. 四椽明栿	26. 四椽草栿	31. 上平榑	36. 飞子（复原）
2. 檐柱	7. 泥道拱	12. 瓜子拱	17. 压槽枋	22. 驼峰	27. 平梁	32. 中平榑	37. 望板
3. 内槽柱	8. 柱头枋	13. 慢拱	18. 明乳栿	23. 平关	28. 托脚	33. 下平榑	38. 拱眼壁
4. 阑额	9. 下昂	14. 罗汉枋	19. 半驼峰	24. 草乳栿	29. 叉手	34. 椽	39. 牛脊枋
5. 栌斗	10. 要头	15. 替木	20. 素枋	25. 缴背	30. 脊榑	35. 檐椽	

向平面展开的建筑组群布局

如果说中国古代建筑组群布局是一首宏大的乐章，那么组成这种乐章的音符就是单体建筑。以汾阳后土祠为例，整个中国古建筑的单体建筑房屋以“间”为单位，四柱之间的空间围合成“间”，若干间组成一座房屋，几座房屋沿主要建筑的周边布置，进而围合成一个庭院，由若干个庭院沿中轴线组合成一个建筑群。

庭院式的组群与布局，一般都采用均衡对称布局，沿纵轴线与横轴线进行设计。以太原崇善寺为例，比较重要的建筑都安置在纵轴线，次要的建筑安排在纵轴线的两侧，建筑的序列向平面层开，以纵轴线为中心，前后呼应，左右对称。建筑平面通过纵横铺开的群体来显现深邃的哲理，主体建筑通过高大的台基、宏阔的体量

北宋汾阴后土祠复原图

崇善寺总平面图（原图）

以及华丽的装饰来显示其尊贵的地位。这种庭院式组群布局所形成的艺术效果同欧洲建筑相比，具有独特的艺术魅力。欧洲建筑，高大雄伟，一目了然。而中国古建筑，却如同一幅中国画的手卷，必须一段段展开，置身其中，从一所庭院走进另一所庭院，直到全部走完，才能品味出其中的意味，领略到中国建筑艺术的魅力。

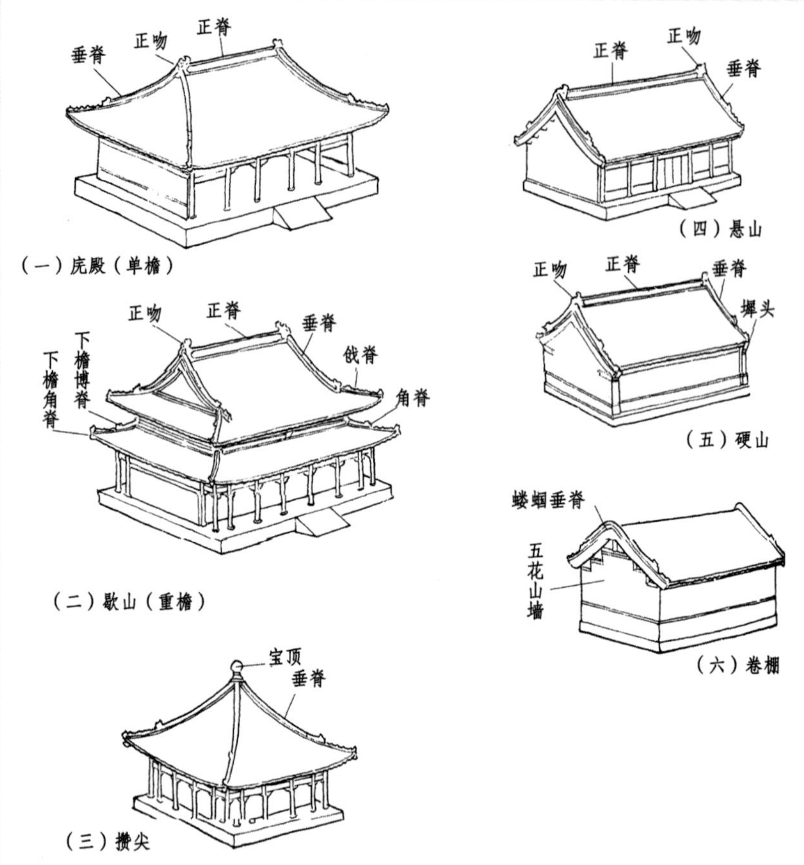

屋顶示意图

中国传统建筑艺术特征的形式，与中国封建社会宗法与礼教制度密切相关。它的序列组织和布局便是根据封建的宗法和等级观念，贵者居中，主高从低，轴线贯通，左右对称。使君臣、尊卑、长幼、主仆有明显的差别，无论宫殿、寺庙，还是官署、民宅都无例外。

中国传统建筑组群布局的形式亦受到中国传统文化所提倡的和谐之美观念的影响，强调建筑的个体之间的和谐和个体与群体之间的协调，以突出群体的对称、协调、错落有序，创造出一种群体的和谐之美。

丰富多彩的艺术形象

中国古代建筑不仅是当时科学技术的结晶，而且是一门杰出的艺术，经过长期的历史演变和对不同艺术造型的吸收，创造出独具民族韵味的建筑艺术形象。

中国古代匠师很早就发现了建筑的屋顶除有遮风避雨的功能性作用外，还可以利用屋顶取得艺术性的效果。早在3000多年前的春秋时期，《诗经·小雅》就对当时的屋顶作了这样的描述："如鸟斯革，如翚斯飞"，形容屋顶就像鸟展开翅膀，振翅欲飞的样子。如鸟翼一样展翅欲飞的屋顶，用柔和自然的曲线改变了方正框架的呆板，使房屋产生了动感和艺术性。至汉代时，中国传统建筑中主要的屋顶形式——庑殿顶、歇山顶、悬山顶就基本上形成。

庑殿顶的基本造型特点是由前、后、左、右四面斜坡组成，屋顶上有一条正脊和四条垂脊，俗称"四面坡顶""五脊顶"。这种造型的屋顶在商代的甲骨文中就已出现，西周的铜器、汉魏的石刻和石窟寺中都有这种形象，现存实物则以五台山佛光寺东大殿为最早。在古代，这是一种最高级的屋顶形式，只能用于宫殿、寺庙等重要建筑上。

歇山顶的造型特征是前后两面坡，由一条正脊、四条垂脊和四条戗脊组成，共九条脊，俗称"九脊顶"。屋顶正脊的左右设有博风板，装饰有悬鱼和惹草。这种形式的屋顶在汉代陶楼、北朝石窟和壁画中均有出现。现存最早的实物为五台山南禅寺大殿，多用于宫殿、庙宇中稍次要一些的建筑上。

悬山顶的造型特征是屋顶有前后两面坡，由一条正脊和四条垂脊组成，左右屋檐伸出山墙之外，悬架在山墙上。这种屋顶形式最早出现于汉代的明器中，现存实物则以平顺龙门寺西配殿最早，是一种广泛应用于官署、寺庙及民居建筑中的屋顶形式。

硬山顶的造型特征是前后两面坡，屋顶上只有一条正脊，左右屋檐与山墙齐平，造型朴素简洁，在古代应用较为广泛，明清时期开始广泛应用于民居建筑中。

此外，还有四面、六面、八面坡的攒尖顶，弧线屋脊的卷棚顶，四边或六边形檐、中央为平顶的盝顶建筑。古代匠师充分运用木结构的特点，创造了屋顶的举折和屋面的起翘、出翘，使屋顶的翼角和檐口出现

博物馆藏汉代瓦当

了优美的曲线，增加了建筑的动感。利用多种屋顶形式组合使中国古代建筑形成具有各种艺术效果的复杂形体，积累了丰富的经验，构成中国古代建筑艺术的重要特征。

屋面是古建筑重点装饰的部位之一。屋顶的装饰主有筒瓦和板瓦两种。筒瓦檐端有瓦当，早期建筑上多饰有四灵（朱雀、玄武、青龙、白虎）、卷草、夔龙等图案。汉以后都是圆形，南北朝至唐几乎都为莲瓣纹，宋以后则有牡丹、盘龙、兽面等。檐端板瓦设滴水，元代以前多为盆唇状，以后则变为下垂的叶瓣形，并模印有花纹。在房屋的正脊两端设鸱尾、兽头或吻。唐以前多用鸱尾，为内弯形的鱼尾状，并附有鳍；宋代鸱尾、兽头并用，但在鸱尾已出现吞脊龙首，并减去鳍；明清改鸱尾为吞脊吻，吻尾外弯，同时仍保留兽头。垂脊、斜脊端部，唐以前不设走兽，宋代开始有仙人、龙、凤、狮子、马等，明清大体沿用宋制，但更定型化；民间建筑的吻、兽花样极多，有鲜明的地方风格。屋脊在宋以前多用板瓦叠砌，正中设宝珠，称为瓦条脊；元以后改为定型化的空心脊筒子，并增加花饰；民间建筑则用砖、瓦垒砌，比较朴素。琉璃砖瓦的装饰手法和形式基本上和陶土砖瓦相似，艺术效果庄重典丽。

东土祠庙——庙堂宫观

古代用来祭祀神灵、祖先和举行祭祀活动的场所称为祠庙和宫观。祠庙属于礼制建筑，是为对天地、先贤的崇敬和感恩举行祭祀活动的场所，而道观则是道士们用以祀神、修炼、传教以及斋醮仪式的场所。

祠庙是原始宗教的产物，是源于中国本土化宗教的一种建筑形式。山西是中华民族最早的发祥地之一，古代神话中的女娲补天、后羿射日、精卫填海、愚公移山等故事都曾发生在这里，传说中的炎帝、后稷、尧、禹、舜等也都曾在这块古老的土地上生活过。在久远的历史演变过程中，古人形成了自然崇拜和祖先崇拜的原始宗教。他们崇拜日月星辰、风雨

池神庙太阳神祠

寒暑、山川大地和一切的自然现象。在《礼记·祭法》中曾有这样生动的描述："……山林川谷丘陵，能出云，为风雨，见怪物，皆曰神，有天下者祭百神。"有大量的考古证据可以证明，我们的祖先早在远古时期，就形成了原始宗教信仰的雏形，出现了祠和庙等祭祀的场所。

炎帝是中华民族的始祖。据史籍记载，他发明了医药、农业、陶器制造、观天测日、木石住房、纺麻织布等，上党地区高平一带曾经是他生活过的重要区域之一。先民们崇敬炎帝的功绩，在高平羊头山一带修建了大量的炎帝行宫、神农城、神农井、炎帝庙，并建有炎帝陵，形成了罕见的炎帝崇拜群落。虽然这些遗物由于年代久远尚不能肯定其初创的确切年代，但至少可以说明在久远的古代就曾有专门用于祭先祖的场所。襄汾陶寺遗址与传说中的尧、舜时期大致相近，考古工作者曾在这里发掘出城址、宫殿和大墓等，出土有精美的玉器、彩绘陶器等文物，并发掘出一座以观天授时为主、兼有祭祀功能的观象台，事实也充分说明，早在4000多年前，古人就开始了对天地的崇拜和祭祀。殷商时期，初步建立了以天为中心的天神系统和与宗法相联系的祖先崇拜，举凡日月星辰、风雨雷电、社稷山川、五岳四渎、宗祖先贤都成为崇拜对象。直到秦汉统一全国以后，由于政府的敕封认定，天地、鬼神、名山、大川先后得而为序，皆有常礼。至北魏太和十四年（490），仅北魏境内就建有祠庙1200多座，在山西境内的有唐叔虞祠、介子推祠、窦大夫祠、岳庙（霍太山）、尧庙、三神祠等数十座。从早期的记载看，"祠"与"庙"并无明确的区别，是可以互换的。到后期才有了大致的划分，"祠"逐步成为崇拜和祭祀祖先和先贤的场所，"庙"则成为专指神灵崇拜的场所。不过，两者并不绝对，有时也是混淆着的。

对于天地的崇拜和祭祀活动，在夏代以前就有，在西周时期成为国家的大祭。万荣县后土祠就是古代帝王祭祀后土的处所。传说轩辕黄帝平定天下后，在汾阴扫地设坛，祭祀后土。尧、舜之时，夏、商、

后土庙秋风楼

周三代都在这里举行过祭祀活动。汉文帝前元十六年（前 164），文帝派遣官吏在汾阴（今万荣县）的黄河岸边修建了后土庙。元鼎四年（前 113）汉武帝“立后土祠于汾阴脽上”，正式建祠，武帝曾先后 5 次到汾阴祭祀后土，以后汉唐的一些皇帝也多次率群臣东渡黄河到汾阴祭祀后土。北宋大中祥符三年（1010）宋真宗下令对后土祠进行了大规模的维修和扩建，当时号称“海内祠庙之冠”的后土祠，成为当时国家级的大庙。从传说的黄帝在汾阴扫地设坛祭祀后土算起，华夏民族对后土的祭祀已经历了近 5000 年。太原晋祠最初是祭祀晋水神的庙堂，后因晋国的封君唐叔虞封在晋国，后人为纪念他在晋国的功绩，改祠为晋王祠，现在祭祀的圣母邑姜则是宋代以后的事了，已改变了祠的性质。

唐宋之际，随着大小神祇的逐步定型化，一些得到政府许可的原始宗教神庙如雨后春笋般地在全国建立。作为黄河文明发源地的山西，除

窦大夫祠

二仙庙道帐

国家批准祭祀的传统神佛外，也开始创造一些神，如广泛被晋东南地区祭祀的乐氏二仙、三嵕、崔府君等也由人而升为神，被祭于祠庙中，成为山西祠庙的特色。

道观是中国道教供奉神像和进行宗教活动的庙宇，通常称为宫、观、庙。道教建筑主要是庙宇建筑组群，宋以后也有极少数的石窟和塔。由于祭祀名山大川、土地城隍等神祇等的祠庙历来都由道士主持，所以许多这类祠庙也成为道教建筑。

西溪二仙庙过殿神龛

道教起源于民间巫教和神仙方术，初步形成于东汉末年，道教的寺庙起源于东汉时张道陵所设的“二十四治”。南北朝佛教极盛，道教模仿佛教，宗教形态趋于完备，道教的活动场所演变为“馆”或“观”。唐朝奉老子李耳为先祖，上尊号为“太上玄元皇帝”，俗称“太上老君”，成为与佛教释迦牟尼同等地位的天神；同时，将历史的和传说中的人物，以及祠祀中的自然界神祇纳入道教神的系统，道教建筑的规格进一步提高，“馆”和“观”演变为宫观，由道教宫观供奉的内容得以和佛教寺院匹敌。唐朝政府命各州建佛寺，同时也建道观一所。山西浮山县羊角山因在唐武德三年（620）有神出现，于是在山上敕

浮山老君洞正殿

平遥清虚观龙虎像

建了一座混元殿，专祀道教的始祖老子，后改县为神山县，开元十四年间（716）改建为庆唐观，并由唐明皇李隆基书写有御制碑。宋大中祥符七年（1014）改称天圣宫，新中国成立前夕毁于战争，现尚完整地保存有唐代的御制碑和雕刻华美的石柱。宋朝更重道教，宋真宗时，各主要祠庙都是道观。金大定七年（1167）王喆（重阳）创全真教派，其徒丘处机得成吉思汗的礼遇，道教盛极一时。

道教的许多宗教仪轨模仿佛教，所以道观建筑布局与佛寺基本相同，没有特别的宗教特征。如佛寺山门设两金刚力士，道观设龙虎神像；佛寺天王殿设四天王，道观设四值功曹像；佛寺大雄宝殿供三世

平顺九天圣母庙全景

平顺九天圣母庙献亭

佛，道观三清殿供三清像；佛寺有戒坛、转轮藏，道观也有同类建筑等。但道观中没有佛寺中某些特殊的建筑，如大佛阁、五百罗汉堂、金刚宝座塔等。除此以外，道观中的塑像与壁画的题材多为世俗常见，建筑风格也比较接近世俗建筑，因此它的宗教气氛不如佛寺浓厚。

山西的道教建筑保存得比较完整，唐代祭祀龙王的芮城广仁王庙是现存最早的道庙。宋金元明清历代皆有实例保存，如，晋城玉皇庙、泽州二仙庙、平顺九天圣母庙、芮城永乐宫、高平清梦观、平遥清虚观、代县赵杲观、长治玉皇观、潞安府城隍庙等各个时期的道教宫观。

山西永济县的永乐宫，始建于唐代，元中统三年 (1262) 重建，现存有 4 座大殿等主要建筑，较完整地保留了元代建筑的风貌，后因黄河水利工程于 1958 年迁至芮城县；晋城府城村玉皇庙，也尚存一部分宋元建筑，其中二十八宿塑像，造型生动，技法纯熟，是元代泥塑的精品。

位于山西浑源县城南 5 公里北岳恒山下金龙口西崖峭壁上的悬空寺，是建于北魏时期的一座道观，元明清时期成为三教合一的寺庙。三

广灵水神堂

悬空寺全景

教殿为全寺最高的建筑，为3层檐歇山顶，殿内奉祀孔子、老子和释迦牟尼像，可谓集中国封建社会的宗教信仰、思想文化之大成。寺背依翠屏峰岭，面对天峰岭，上载危岩，下临深谷，楼阁悬空，是我国罕见的一座高空绝壁建筑。

在漫长的历史时代，发源于东汉时期的中国本土化宗教，在吸收原始宗教、巫术、卜筮、神仙方术、阴阳五行等基础上形成的道教，以《道德经》为经典，崇尊老子为教宗。随着历史的发展，祭祀天地祖先、先贤等形成的祠庙文化和道教便以同源而不同流的多元化面貌在中国流传了数千年，建造了无数的祠庙和道观，遍及名山胜境和市肆乡村。这些庙堂中的建筑、雕塑、绘画以及碑石经文都具有鲜明的民族特色，是中华民族宝贵的文化遗产。

西天伽蓝 ——佛教寺院

佛教中的寺院是供奉佛和菩萨的地方，是专门为佛和菩萨建造的住宅，也是出家的僧人居住、生活和修行的场所。

在梵文中，有 sangharama 一词，音译为“僧伽蓝摩”，简称为“僧伽蓝”，是印度佛寺的名称。僧伽是僧众的意思，蓝摩是园的意思，合称就是僧众共住的园林，以后统称僧舍所有的土地和地面的建筑，就是我们现在所说的佛寺。僧伽又分为精舍和支提。精舍初为讲经的道场，后成为僧徒的住所，精舍中立有佛塔，佛塔四周建有僧舍；支提则是依山凿造的佛教寺院，受其影响，在云冈、龙门及敦煌石窟中都有这种支提窟。此外还有一种建在城市、乡村之外的供僧人修行的小屋，称为“阿兰若”。一座佛寺往往由若干个院组成，合称为寺院。寺院也称寺刹、梵刹、僧刹，是因为寺前常常立有幡杆称为刹的缘故。

寺本是中国古代官署的名称，汉代时，掌管朝廷祭祀礼仪的官署称为鸿胪寺，掌管宗庙礼仪的官署称太常寺。佛教在初传时期，中国还没有今天的寺庙，西方来的僧侣，一般都安置在鸿胪寺。传说东汉永平十年（67）西方僧侣用白马驮着经卷来到洛阳传播佛教，就住在鸿胪寺内，第二年将官署改为佛寺，以白马命名，称白马寺，这是中国佛教史籍记载中最早的佛寺。以后“寺”也就由官署之称逐渐转变为佛教道场的专称了。东汉末年笮融在徐州所建的浮屠祠也是一佛寺，以原意为祭祀神仙的“祠”名寺。此可透露出当时中国人对佛寺的概念仍未清晰。自从佛教传入中国后，古代中国人对

云冈石窟屋形龛

云冈石窟塔心柱

于这种外来宗教的认识和接受也经历了一个漫长的过程，大体上佛教经历了从早期依附于中国传统巫术、神仙方术以至后来形成的道教，逐步脱离依附关系而走向独立发展的历程。佛教寺院在中国的发展同样也是一种本土化的过程，类似于基督教堂于欧洲。起初都是由本土的一种建筑按照宗教的需要进行发展，但同时与当地的建筑传统相结合，这样就发展出了一种新的宗教建筑形式。佛教传入中国，佛寺就成为佛教活动的中心，是佛教徒们进行偶像崇拜和宗教活动的基地，由此形成了丰富的佛教寺院文化，而寺院中的建筑、雕塑、绘画以及金石碑文等都成为中国古代珍贵的文化遗产。据文献记载，佛教在东汉时期传入山西，在漫长的封建时代，山西地区的佛教文化异常繁荣兴盛，是中国佛教文化发展的重要基地之一。

山西佛寺的建造随着佛教在中国的传播经历了漫长的演变过程，发轫于汉代，风靡于北朝，兴于隋唐，盛于辽宋金元，没落于明清，在中国佛教寺院文化中划出了一道亮丽的轨迹，成为保存至今的中国古代建筑中的瑰宝。据史籍和僧传中记载，东汉和帝时，山西就建有

广胜寺飞虹塔

十几座大型佛寺，留存至今的洪洞广胜寺就是当时建造的佛寺之一。西晋时期，山西的并州、祁县、晋城、永济、沁水以及洪洞等都曾建有佛寺。北魏兴安初年（452）文成帝下诏“诸州郡县，于众居之所，各建佛图一区”，开中国按政区普建佛寺的先河。到太和初（477）仅国都平城（今大同市）就建有佛寺百所。北魏之后的历代诸帝，大多崇信佛教，加之山西位居中原王朝与北方少数民族的交汇之地，战乱不休，人民生活困苦。而佛教中大力宣扬的因果报应思想则把人们的荣华富贵、贫贱穷困的原因都归于前世，而将人们美好的愿望都寄托于未来，迎合了人民祈求社会安定的社会心态，为佛教的传播和发展奠定了广泛的社会基础。而统治阶级则利用人们这种普遍的社会心态，将佛教作为他们统治人民的精神工具，并妄想着长命富贵、皇权永固。因此，佛教很快就得到普及流传和发展，佛教寺院成为人与神灵之间对话的感应场、人世间红尘世界的倒影。

隋唐时期，山西的佛教较之前代更为兴盛。隋代虽然统治时间不长，但由于隋文帝极为崇信佛教，在全国大兴佛寺，隋炀帝不仅崇信佛教，且崇尚奢华，大兴土木，山西的佛寺有增无减。据历代僧传和方志的记载，隋代在山西建有佛寺100多所，并形成了云中（大同）、五台山、太原、汾阳、新绛、长治、晋城等寺院群落。唐代在继承隋朝建寺的基础上，进一步发展，达到封建社会的鼎盛时期。山西中南部是隋唐两朝的河东地区，是北方重要的军政之地，佛寺的建造尤为兴盛，名刹大寺遍及全省。据历代僧传和方志统计，唐代在山西建有佛寺290多所，而且规模比前代更为宏大，由原来的一寺一院扩大到一寺数院，乃至一寺十数院。如五台山竹林寺

太原天龙山北齐石窟

太原天龙山隋代石窟

唐代敦煌壁画佛寺讲经图

就由十二院组成，设有法华院、律院、经院、阁院、塔院等。在建造形式上，以房屋围合组成庭院的布局方式出现，多个院落进行不同的组合，形成不同的平面形式，奠定了中国佛寺的基本格局。由于唐武宗的灭佛活动和后代的损毁，除个别的殿堂外，至今没有成组的唐代完整寺院留存。从唐代道宣撰《关中创立戒坛图经并序》、敦煌第 61 窟壁画中的五台山图及晋城青莲寺唐代线刻佛寺图及有关文献看，山西的佛寺建筑在中国宫室型建筑的基础上已定型化并有所发展。其主要特点是以主体建筑居中，有显著的中轴线，由山门开始，纵列有几重殿阁，四周以围廊连成数进院落，在主体建筑的两侧排列有若干小院，各有用途。如，五台山大华严寺建有 15 院，法华寺建有 12 院。塔为全寺的中心位置逐渐被阁或殿堂所替代，塔成为寺院中独立的一部分，僧人墓塔于寺外别列塔林。

晚唐以后，山西进入了分裂动乱的五代时期，许多主宰当时政权的人物或利用山西而得天下，或凭山西重要的军事优势而建立政权。五代时期的统治者虽然也崇信佛教，广建寺宇，但由于国力所限，佛寺建造远不及前代，规模、数量都与前代不可企及。五代时期的长期战乱，造成山西佛寺毁弃严重，山西境内保存的 3 座五代时期的木结构佛寺殿堂，可以说是这个时期珍贵的佛教遗存。

五代后期，山西的北部为契丹族所建的辽朝占据，中南部为北宋统治。

青莲寺隋唐佛寺线刻图

后辽、北宋又为女真人所建的金朝所灭，山西全境遂被金统治。宋、辽、金时期，山西先后被 3 个政权统治，佛寺建筑异彩纷呈。

佛教自东汉传入中国后，至北宋时近千年的流变已日益成为本土文化思想体系的一部分。北宋商品经济的发展，禅宗思想的流行，使佛寺建筑形制更为广泛地开放。随着禅宗伽蓝制度的形成，佛寺这种从西方传来的建筑形制日益中国化。目前有确切年代可考的北宋佛寺遗构在山西近百座，主要集中在山西的上党地区。这些佛寺大多为民间建造，但建筑技法纯熟，形制结构独特。前期的佛寺受唐五代的影响，在外形上仍沿袭着前代凝重质朴的风格，结构上则不断地改革与创新、完善，开创了科学合理、经济实用的结构形式。宋代佛寺受禅宗伽蓝制度的影响，平面布局简洁规整，一般在南北中轴线上配置主要殿宇，附属建筑置于中轴线两侧。中轴线上一般由山门、天王殿、大雄宝殿和法堂组成，藏经阁置于中轴线的后端。主体建筑宏伟高大，附属建筑起烘托主体建筑体量和气势的作用，整体布局疏而不密，主从有致。宋代的殿堂以方形平面居多，多为面阔三间、进深四椽，置于寺内前部的中央，占据了汉唐以来以塔为佛寺中心的核心位置，突出了佛殿在寺中的地位。

辽是由契丹人建立的少数民族政权，公元 916 年辽朝统治了山西和河北的北部地区。山西的大同成为辽朝的西京。辽朝统治者对佛教也十分崇敬，在原唐、五代佛教本来就十分兴盛的地区大力兴建寺塔。他们模仿汉族的建筑，使用汉族的工匠建造佛寺。由于山西自唐末以来就形成许多割据的藩镇，五代时又在藩镇基础上形成割据政权，在佛寺建筑和艺术上较少受到中原和南方的影响，因此，辽朝的佛寺较多地保持了唐代的雄浑古朴风格，在佛寺的平面布局和殿堂的结构技术上较多地吸收了唐代的手法，空间处理及结构形式更为精练，斗拱技术相当成熟。保存至今的大同善化寺大雄宝殿、华严寺薄伽教藏殿、应县木塔、觉山寺塔都是辽代佛寺建筑中的代表性杰作。

女真人建立的金朝统治山西后，吸收辽、宋文化，极力提倡佛教，广建寺塔。在建筑的平面布局和殿堂的建筑技术上，在山西北部原辽统辖的地区，佛寺建筑沿袭着辽代雄浑古朴的风格，寺院殿堂规模宏大。在山西的中南部地区的佛寺则显著地受到宋的影响，建筑规模较小，但结构精巧，装饰华丽，金代佛寺在山西形成两种不同的风格，呈现出明显的地域特色，构成山西金代佛寺建筑的特色。

山西的佛寺经过 1000 余年的历史沉淀，大批的佛寺分布于三晋大地上，尤其以唐、五代、宋、辽、金、元时期佛寺建筑成就最为突出，将西方的佛教文化与中国固有的传统文化完美地融合，创造出灿烂的佛寺文化，成为人类共同的文化遗产。

【第二章 大唐遗珍】

唐代是一个可以让后人骄傲的朝代。唐代经济的高度繁荣推动了建筑艺术的空前发展。唐代文化继承了华夏精华，海纳百川，博大精深，全面而辉煌。中国古代木结构建筑的架构和风格在这个时代成熟和定型，形成了一个完整的建筑体系，规模宏大，气势磅礴，外质内美，庄重大方，是当时时代精神的完美体现。但经过唐武宗大规模的“灭佛”运动，大量殿宇遭到破坏，再加上后代的毁损，除个别殿堂如五台山南禅寺大殿、佛光寺大殿等以外，没有成组群的完整寺院存留。山西民风淳朴，信仰虔诚，许多地形闭塞的偏僻山乡，战火难及，因而不少其他地区已绝迹的唐代木结构建筑得以幸存，成为中国唐代木结构建筑的标本。唐代建筑完整地保存在山西的有 4 座，分别是五台山南禅寺大殿、佛光寺东大殿、芮城广仁王庙大殿和平顺天台庵大殿。虽然规模都不大，远不能代表唐代建筑的整体风貌，但其朴实大气、雄浑舒展、凝练规整的结构，却是那个伟大时代精神的体现。

南禅寺历史照片

法难方舟——五台山南禅寺

20 世纪 50 年代，文物工作者在例行的文物普查中，在五台县李家庄村西的土岗上，发现了一座小小的佛教寺院。寺坐北朝南，布局呈四合院式，东西宽约 51.3 米，南北长约 60 米，占地面积仅有 3078 平方米。寺内建有山门、东西配殿，正面土台上是南禅寺内的主殿——大佛殿。佛殿举折平缓，用材巨大，殿内佛坛上还保存彩塑 17 尊，经仔细勘察，在大殿的平梁上发现有一行用墨书写的题记："……因旧名旹大唐建中三年岁次壬戌月居戊申丙寅朔庚午日癸未时重修殿法显等谨志"，题记墨迹清晰，字体圆润，唐风宛具。建中三年是唐德宗的年号，即公元 782 年，可见大殿重修后也有 1200 多年的历史了，是唐武宗会昌五年（845）在全国大规模灭佛前的建筑，其珍贵的历史和艺术价值足以改写中国的古代建筑史。

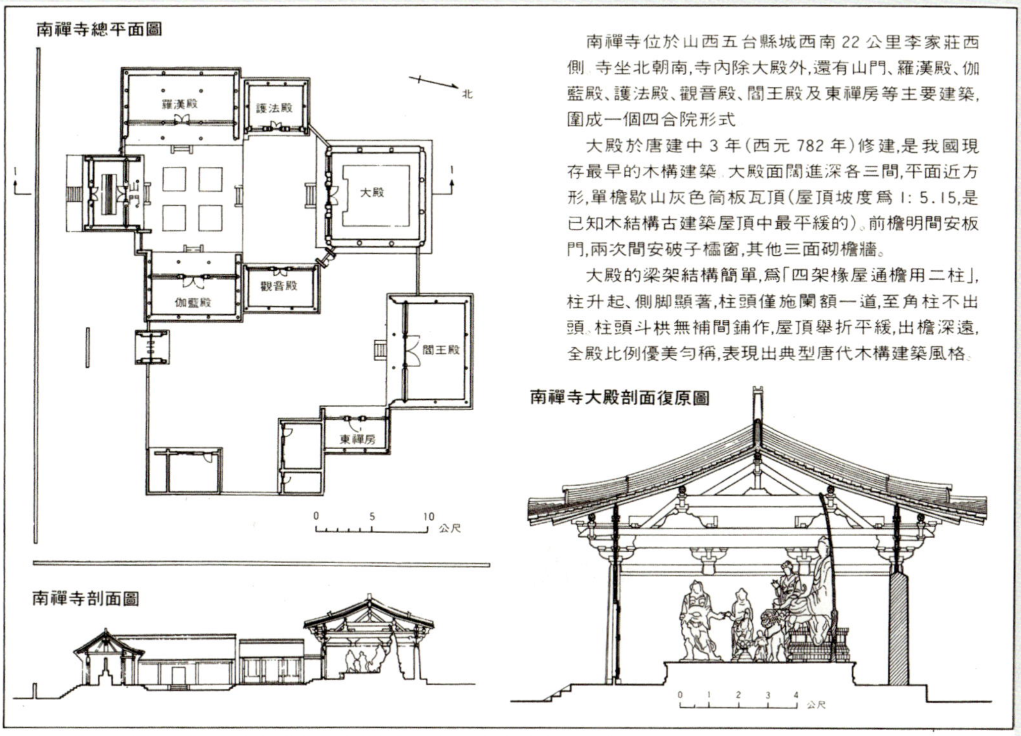

南禅寺平面图

1953 年 10 月，中央人民政府文化部社会事业管理局（今国家文物局前身）组织专家勘察组专程到五台山对南禅寺大殿进行了实地考察。专家们对大殿的形制、结构和寺内遗存的碑刻及有关五台山佛教的传记、方志进行详细的分析，得出的一致结论是：“该寺确是唐代建筑，并证实它的修建年代比十多年来一直被认为是国内现存最古的木结构建筑、唐大中十一年（857）修建的五台县台外佛光寺还要早七十五年”的结论。

唐代题记

五台山是中国著名的佛教圣地。佛教自两汉之际传入中国后不久，到两晋时已弘传到这一地区。隋唐时，五台山佛教发展到极盛，成为中国北方地区的佛教中心。唐太宗李世民执政后不久，就下令在五台山“建寺十所，度僧数百”。女皇武则天为了制造她君临天下的舆论，不仅利用佛教徒怀义等伪造《大云经》，将她夺取政权说成是受到弥勒的授记，而且在长安二年（702）自称她“神游五顶（五台山）”，敕命重修五台山清凉寺，任命名僧德感法师主持清凉寺，

南禅寺外景

封他为“昌平县开国公，食邑一千户，主掌京国僧尼事”（《广清凉传》），五台山的住持成为全国佛教界的最高僧官。由于唐代帝王的倾心供奉，五台山成为当时北方的佛教中心，全山有国家赐额的寺院 360 余所，僧尼“达万人之众”（《全唐文》卷 621）。小型的招提、兰若等小寺庙则遍及全山及周边地区，南禅寺也是在这个背景下建造的一座乡村小庙。

安史之乱后，唐王朝在经济上遭到了严重的破坏。由于国家历经战乱，徭役日重，人民将寺院作为逃避之所，寺院又借当时均田制度的破坏，趁机扩充庄园，驱使奴婢，并与豪强贵族相互勾结，逃避赋税，多方谋利，从而与国家经济发生了严重的冲突，直接导致了中国历史第三次大规模废佛事件的发生。唐武宗在会昌五年（845）开始废除佛寺，没收寺产，遣散僧尼，全国共计拆毁大寺 4600 所，小寺 4 万余所，还俗僧尼 26 万人，解放奴婢 15 万人，收回民田数千万顷，佛教遭受到沉重的打击。南禅寺地处佛教圣地五台山，本属拆毁的范围，但因地处台外，又是建在乡间的小寺，在这次大规模的灭佛运动中竟奇迹般地保存下来，并在五代时周世宗灭佛和多次地震中幸免于难，使千年以后的今人能够目睹中唐时期木构建筑的原貌，确属奇迹。

五台山在隋唐时期是佛教华严宗的重要基地，天台宗、净土宗、律宗、禅宗等也开始流行。南禅寺就是禅宗建立在台外的一座佛寺。禅宗因其教义主张修习禅定，故名禅宗，又因在修习过程中偏重于修心，以心传心，故又称为佛心宗。这个宗派的创始人是印度僧人菩提达摩，他在南北朝时的南梁普通年间（520—526）泛海来到广州，后应梁武帝的邀请到金陵（南京）与梁武帝对答，因机缘不契，没有受到佛教界的重视，于是来到嵩山下的少林寺安心面壁，传授弟子。到禅宗五祖弘忍时再传弟子慧能、神秀，开创了"南顿""北渐"二派。神秀是北派的首领，创立了北宗，慧能在江南传布，创立了南宗。但神秀一系的北宗在北方传布不了几代就沉寂了，而南宗传播极广，遂成为禅宗的正宗。隋唐时期，禅宗的南北两系在五台山有弘传，解脱、巨方、神英、智通等人传布，他们都是当时五台山的禅宗大师。南禅寺也就是在隋唐时期佛教分宗立派的背景下创建的禅寺，对于研究隋唐时期佛教宗派的流布具有重要意义。

寺内的正殿也称为大佛殿。殿宇建在高约1.1米的砖石台基上，殿前设有月台。我国现存的唐代建筑中殿前一般不设月台，南禅寺大殿前设月台是仅有的一例。

南禅寺大殿立面

南禅寺大殿梁架结构

南禅寺大殿翼角斗拱

大殿面阔3间，进深3间，平面近于正方形，上覆以单檐歇山式屋顶。殿四周立有檐柱12根，西山墙内的3根是抹楞方柱，其余都是圆形，根据殿内梁架上唐代重修时的题记，方形木柱还是大殿创建时的原物。大殿四周的檐柱都向内微微倾斜，檐柱从中间向两侧微微升起，柱头上用长条形的阑额连接，在角柱的连接处阑额都插入柱头中，而不像后代建筑中阑额十字交叉出柱头，保存了唐代时建筑的基本特征。大殿内没有内柱，梁架上也不设天花板，称为“彻上露明造”。大殿的梁架用两根通长的四椽栿（大梁）直接架在前后檐的柱头斗拱上，四椽栿上设有大斗、驼峰和捧节令拱承托着平梁（二梁）和平槫，平槫的两端施有托脚，上用两个大叉手直接承托脊槫（脊檩），形成一种三角形的结构，这种形式仍保持着我国自汉唐以来形成的一种结构，至五代以后就不复出现。大殿的檐柱柱头上设有五铺作斗拱，拱头上有卷刹五瓣，每瓣都向内凹，深约0.3厘米，这种手法在北齐、隋代开凿的天龙山石窟的窟檐斗拱上曾使用过，现存实物中除此之外，十分罕见。南禅寺大殿用材较大，斗拱显得十分雄伟，是我国唐代建筑的一个重要特点。大殿建成1000多年来，历经5级以上的地震8次，均未受到大的损坏，主要原因就是大殿用材断面合理，纵横构件构造牢固，巧妙地将力学与美学高度结合，体现了中唐时期的建筑技艺和水平已普及到了偏僻的乡村。

大殿内设有宽大的佛坛，约占殿内面积的二分之一，砖砌佛坛的前沿饰有70幅精美的砖雕，还是唐代的原物。佛坛上保存有唐代彩塑17尊，主像为释迦牟尼佛，左为普贤菩萨，右为文殊菩萨，两边分别是弟子、胁侍、天王、供养菩萨，童子獠蛮和拂菻。像的布置仍存唐制，虽然塑造于中唐，却没有中唐趋向于绚丽装饰性的浓艳色彩，而是秉承了唐塑宁静古典、纯朴庄严的早期风格，堪与敦煌莫高窟唐代塑像媲美，异常珍贵。

释迦牟尼佛结跏趺坐在八角束腰须弥座上，头饰螺髻，眉如弯月，面相丰满，微笑垂视，神态十分动人。像后的背光塑有莲花、忍冬、飞天、大鹏鸟王，内容丰富而图案线条简练，

南禅寺大殿内供养童子

南禅寺大殿佛坛

南禅寺大殿释迦牟尼像

普贤菩萨像

文殊菩萨像

显示出唐代艺术创作的超高水平。另外，文殊、普贤骑狮驾象也颇具特色，狮象具有动感，似在前行，而菩萨沉稳安详，端坐于狮象之上的莲花座上，动静结合，显示出唐塑的奇妙之处。胁侍的造型体态丰满，宽肩细腰，腹部微凸，身姿呈S形扭曲，突破了唐代以前双腿并立的呆板姿势，衣饰较唐初繁复，但瓔珞简洁，天衣缠绕于两臂和腰间，头戴花冠，面形秀润。供养菩萨半跪坐于高蒂莲台上，神情恬静，这种姿势为宋代以后少见。天王头戴盔，身着甲，束腰带，天衣自肩部披下，裤角绾结于膝下，头微侧，扭胯，左脚跨出，重心落于右腿，姿势生动而雄健，面部微含笑容，神情泰然自若，在勇武刚健之中，不失理想化的祥和神态，与宋代以后威严凶悍的天王造型有明显的区别。全堂彩塑的造型、神态、衣纹和动作，各具特色，在总体布局中个性鲜明，而鲜明的个性又与整体十分协调，造型和神韵都极为谐和，达到了很高的艺术水平。这组彩塑在元至正三年（1343）有部分进行过重新装绘，但相貌、衣饰、神态皆继承了唐代早期的特征和风格，是十分珍贵的唐代寺院彩塑艺术品。

南禅寺大殿天王与胁侍菩萨

此外，寺内还保存有北魏小石塔1座、唐代石狮3只和2块角石。小石塔方形平面，每面宽0.26米，高0.51米，共分5层，塔第一层四角各雕窣堵坡式小塔1座，四面浮雕有佛传故事，第二层每面正中浮雕佛像1尊，两侧分为2层，各雕佛像4尊，第三层至第五层每面各雕佛像3尊，塔刹已不存，塔的造型精美，雕工细致，风格具有北魏塔建筑的特征，是十分难得的佛教文物艺术品。

南禅寺北魏小石塔

小石塔局部

佛光寺全景

梵林宝刹——五台山佛光寺

佛光寺坐落于五台县豆村镇东北 6 公里的佛光寺山腰，这里是五台山南台的西麓。寺宇依山而建，东南北三面为峰峦所环抱，西面是河岸开阔地。寺周松柏苍翠，环境极为幽静，寺内保存的历代殿宇是研究中国古代建筑史的最佳实物资料。

相传佛光寺创建于北魏孝文帝巡游五台山时，当时，孝文帝见山势奇伟，佛光普照，建寺命名佛光寺。北魏时期西域宕昌王朝贡当时的北魏首都平城，路过佛光寺时再次“遇佛神光，山林遍照”，便奏请皇帝赐额。但当时的佛光寺规模较小，仅“佛堂三间，僧室十余间，尊仪肃穆，林泉清茂”。隋唐时期，佛光寺名屡见于佛教僧人传记，高僧大德不绝如缕，成为五台山的十大寺之一。唐代时“河东节度使裴度奏：五台山佛光寺庆云现文殊大士乘狮子于空中，从者万众。上遣使供万菩萨，是日复有庆云现于寺中”（《宋高僧传》卷 27）。佛光寺距长安路途遥远，

敦煌壁画大佛光寺

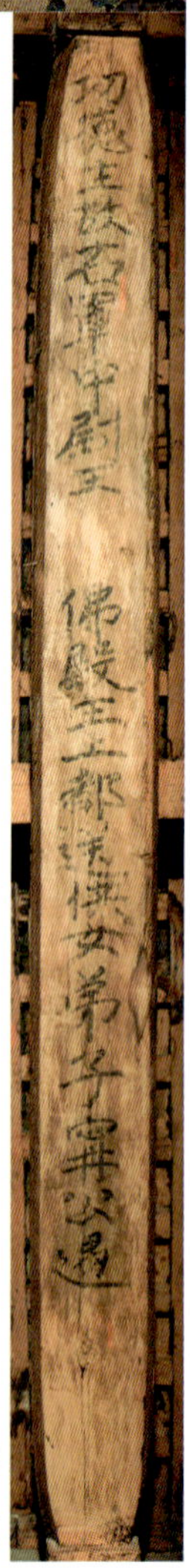

佛光寺题记

寺中的“祥瑞”竟能远达长安，传到宫廷中去，可见寺院在当时的影响。隋唐之际的佛光寺规模宏大，寺内的主体建筑是一座“三层七间弥勒大阁，高九十五尺。尊像七十二位圣贤，十大龙王，罄从严饰。”在敦煌石窟第 61 窟中有一幅五代或北宋初年绘制的五台山图壁画，高 3.42 米，长 13.5 米，面积达 60 余平方米，画面上的五台山寺庙林立，香客如云，反映的是中晚唐时朝五台山佛教的盛况，大佛光寺赫然壁上，寺中的布局形制与记载颇为相似。会昌五年（845）唐武宗灭佛，寺僧遣散，一代名寺奉敕拆毁，除一座六角形砖塔外，竟被夷为一片瓦砾。会昌灭法虽然规模极大，毁坏严重，但时间并不长，唐宣宗继位后又立即恢复了佛教。佛光寺也在寺僧愿诚的主持下开始了重建。佛光寺的重建得到了“上都（长安）送供女弟子宁公遇”和当时京城中的达官贵人和地方军政大员的赞助。尤其值得注意的是至今仍完好保存在东大殿梁架下的“功德主故右军中尉王”墨书题记。中唐以后，宦官专权，执掌朝政实权的实际上就是宦官，这个右军中尉正是当时宦官的首领。梁思成先生在考察发现佛光寺时，推断这个“右军中尉王”，很可能就是当时掌握天下大权、决定皇帝兴废的宦官王守澄。佛光寺的重建得到了这样显赫人物的赞助，自然说明佛光寺在当时的地位和影响。佛光寺东大殿于唐大中十一年（857）建成，金代时又重建了文殊殿和普贤殿（早年已毁，一说是观音殿），明清时重修了山门、僧院。由于佛光寺位于台外，寺院香火冷落，清代以后就渐渐不为人所知了。1937年抗日战争爆发前，梁思成、林徽因依据敦煌壁画中的线索，重新发现了这座古寺，当时震惊了世界，也打破了日本学者认为中国境内已不存唐代建筑的断言。这座古老的佛寺虽历经千年风霜以及历代的修缮，却始终保持着唐代建筑原有的韵味和风貌，堪称稀世奇珍。

梁思成、林徽因考察佛光寺照片

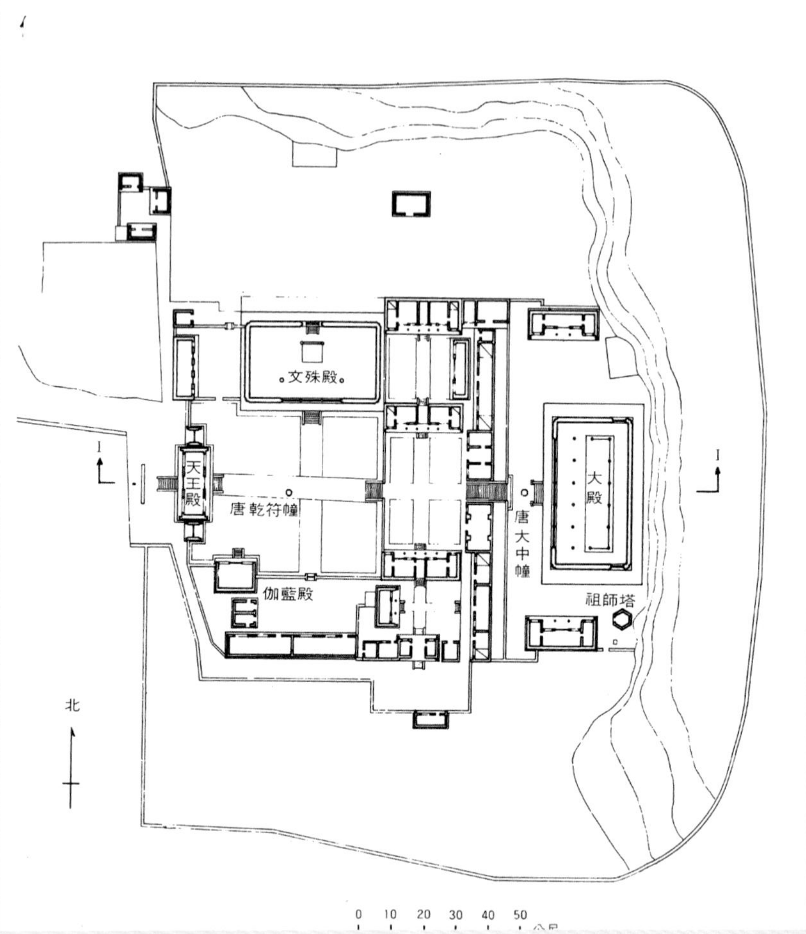

佛光寺平面图

现存的佛光寺，坐东朝西，依山而建，形成三层平台。山门前建有一方影壁，上书“佛光寺”。入山门后，三层平台呈阶梯状布置，一条中轴线自西而东直达东大殿。第一层平台上是宽阔的院落，院中立有唐僖宗乾符四年（877）建立的陀罗尼经幢，北侧是金天会十五年（1149）建造的文殊殿，南侧与之相对的建筑已无存。第二层平台上是近代重建的厢房，厢房后又各有建筑，形成南北两个跨院。北厢房后为明清时期建的僧院，院内有香风花雨楼，是佛光寺的藏经楼，院中还遗存有一方巨大的唐代莲花柱础，直径达 1.05 米，可能还是唐会昌灭佛前佛光寺七间三层弥勒阁的遗物。第三层平台利用土崖削成，陡然突起，平台中为陡峭的踏步阶梯，两侧是石砌窑洞，东大殿就坐落这个平台上，俯瞰全寺，气魄十分宏伟。

乾符四年经幢

东大殿

东大殿面阔 7 间，长 34 米，进深 4 间，深 17.66 米，单檐庑殿式屋顶。大殿的前檐明间、次间和稍间共 5 间并装有厚重的板门，门板后还有唐代及以后代游人的墨书题记，说明门板还是唐代的原物。两侧最边上的一间均装有破子棂窗。檐柱下有宝装莲花柱础，莲瓣饱满，雍容华贵，透出了唐代建筑艺术的审美情趣。大殿的平面设有内外两层柱网，平面呈回字形，在宋《营造法式》中称为金厢斗底槽。大殿的四周立有的 22 根檐柱，柱子之间架有阑额，内槽的金柱上也架有阑额，组成大

东大殿全景

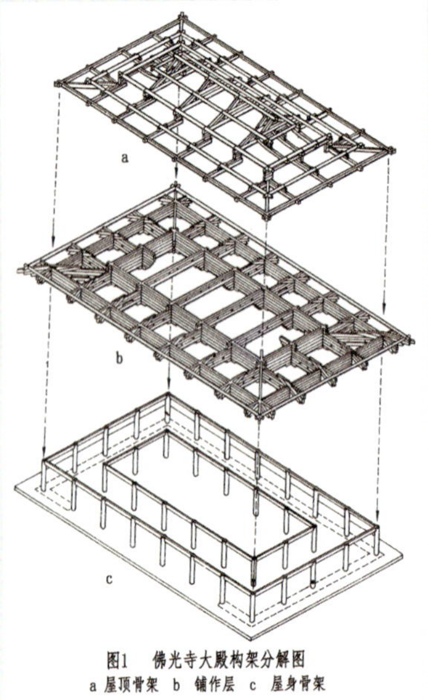

佛光寺东大殿分解图

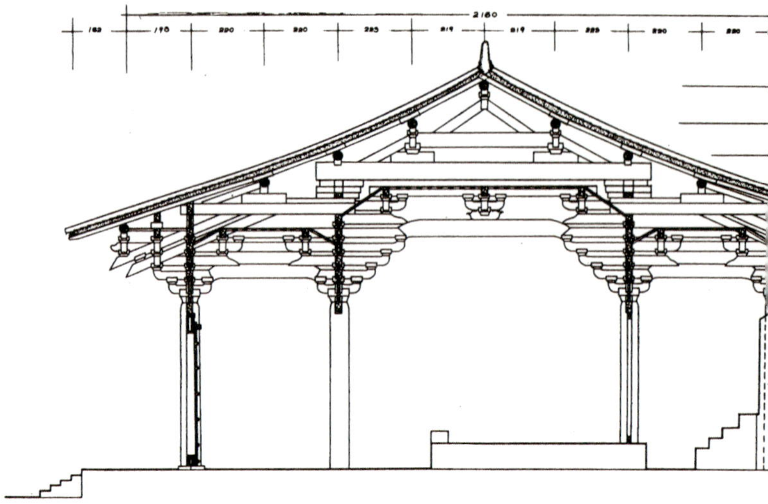

佛光寺东大殿剖面

佛光寺东大殿屋顶

殿内外两层柱网，相互之间用梁枋连结，结成一严密的整体。柱网上是铺作层，也就是斗拱结构，最上一层是屋架。柱网、铺作、屋架三层结构，形成了稳定的大木结构。殿内设平闇（天花板）层，将梁架分隔为明栿和草栿两部分，草栿位于天花板上，加工比较粗糙，梁架在屋脊的部分是一个三角形的结构，由两根斜撑相抵承脊槫，唐代称为大叉手，这是一种自汉代以来形成的屋架上部的传统做法，一直沿用到唐代，五代、北宋以后就不再使用这种做法，所以这种做法可以作为唐代以前建筑鉴定的标识之一。东大殿的内外柱上共使用了 7 种斗拱，柱头斗拱七铺作双抄双下昂，向外挑出 2.02 米，是现存古建筑中挑出层最多、挑出距离最远的。古朴而巨大的斗拱承托着深远的屋檐，粗壮的柱列、简朴的门窗装饰、舒展而平缓的屋顶，构成了唐代殿堂雄浑独特的建筑风格。

佛光寺局部组图

东大殿彩塑

全堂彩塑

大殿内设有宽达5间、深1间的凹字形佛坛，现存唐代彩塑37尊。佛坛正面设5尊主像，中间3尊是释迦、弥勒和阿弥陀佛3尊坐像，两侧分别是文殊和普贤像。主像前均有2尊胁侍和供养菩萨，释迦两侧还有2尊弟子。文殊、普贤分别驾狮、象，坐骑前还有獠蛮和拂菻牵引。佛坛的前侧两角各有一尊天王。尤其值得注意的在佛坛南侧有一尊俗家信士像，这就是重建大殿的主要施主宁公遇，像盘膝席地而坐，发结绾髻，宽衣博带，面容端庄，目光平视，神态十分安详，是一尊典雅的唐代中年妇女的形象。大殿的两山墙下和后墙下筑有佛台，上存明代塑造的五百罗汉，现存297尊。在殿内前檐的栿窗下，塑有唐时主持建造东大殿的高僧愿诚像。愿诚是一个中年僧人的形象，身着僧衣，盘膝而坐，表情恬淡，神态沉稳，是中国早期写实人物造像的精品。在大殿佛座背面和拱眼壁上还保存有佛教题材的壁画，是中国现存木结构寺庙中珍贵的早期壁画。

愿诚和尚像

东大殿佛座唐代壁画

东大殿拱眼壁上的壁画

佛光寺文殊菩萨像

佛光寺普贤菩萨像

佛殿主宁公遇

胁侍菩萨局部

供养菩萨

胁侍菩萨

佛光寺文殊殿立面

文殊殿是佛光寺的配殿，位于第一层平台的北侧，坐北朝南。大殿面阔 7 间，长 31.56 米，进深四间八椽，单檐悬山顶，是五台山诸寺中最大的配殿。大殿前檐明次间及后檐明间均装有板门，前檐两稍间装直棂窗，柱头上施有五铺作斗拱，明次间施有 45° 斜拱，华丽而精美，是辽金建筑中独有的构造形式。文殊殿外观浑厚纯朴，与山西辽金时期的殿堂相比并无特殊之处，但是其内部的梁架结构却是中国古代建筑中的一个孤例。殿内为了礼佛的方便，采用了减柱和移柱法，在 550 平方米的殿堂内竟然只使用了 4 根金柱，殿堂内空间显得极为宽敞。由于移柱和减柱造成柱网的变化，导致梁架结构也发生了相应的变化。内柱上架设了巨大的内额，前檐内柱上的内额长达 14 米。后檐内柱上使用了长跨三间的大内额，内额间加用斜材传递负荷，构成了近似现代“人字托架”的屋架形式，这种复杂的纵架结构足以说明当时的工匠对木结构的特性已经有了相当的了解和掌握，创造出这种在中国古代建筑中绝无仅有的实例。

文殊殿的后檐内柱间有扇面墙，前设佛坛，上塑文殊骑狮像及胁侍菩萨和童子像，造型端庄，衣饰华美，应为金代时的作品。大殿的四周绘有五百罗汉像，为明宣德四年（1429）绘制。

位于东大殿东南角的一座六角形砖塔，是唐会昌灭佛前佛光寺内唯一的遗存，寺僧称为祖师塔。塔平面六角形，一层塔身中辟有塔室，西南面开有一道券门，门头上饰有火焰形券面装饰。塔身的檐部出叠涩一

文殊殿文殊像

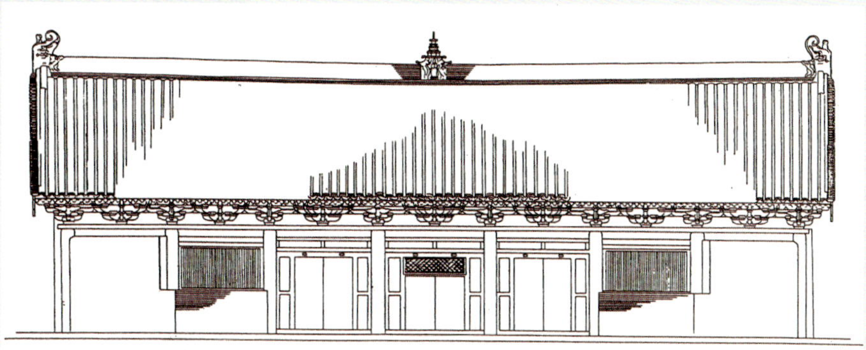

文殊殿立面图

佛光寺祖师塔

层，中间饰有砖雕斗拱，每面 9 枚，上设三层莲瓣和叠涩形成一个二层檐，檐上设有束腰须弥平座，上承二层塔身。二层塔身平面亦为六角形，塔身各角有倚柱，柱头、柱中和柱脚都用仰覆莲瓣捆束，富有古印度风格。塔身的西面辟假券门，门额上饰有火焰形券面，门扉半启。塔刹部分由基座、覆钵及宝珠组成。塔造型奇特，仅有敦煌壁画中有过类似的塔形，券门上的火焰形装饰、束莲柱及莲瓣都具有北朝时期的风格，虽然没有文献可证明其准确年代，但其典雅奇特的造型和装饰足以证明其是我国早期砖石塔中的精品。

大唐孑遗——广仁王庙

芮城广仁王庙是山西现存唐代遗构中的一座厅堂式建筑，不仅反映了唐代在僻远山村兴建寺庙的建筑水平和成就，而且其蕴含着悠远的宗教文化，对于研究唐代的建筑艺术和宗教流布都是十分珍贵的实物资料。

芮城广仁王庙，原称五龙庙，庙内正殿建于唐大和五年（831），是我国现存最早的道庙建筑。庙坐落于芮城县城北 4 公里龙泉村中。庙前有龙泉 5 眼，积水成潭，庙院坐北朝南，四合院布局，东西宽 47 米，南北长 96 米，占地面积 4560 平方米。院内中轴线上建有戏台、正殿，东西两侧为厢房，庙门建在庙院的东南角，布局严谨而小巧，虽是一座平凡的山村小庙，但它却是唐代开始祭祀龙王最早的遗迹。

芮城龙泉村位于古魏城中，在北魏地理学名著《水经注》中就有“城内有龙泉南流出城”的记载。《嘉庆重修一统志》载，解州“龙泉在芮城县北七里，《水经注》河北（汉县，故治在芮城县城北 5 里龙泉村）城内有龙泉，南流出城。”《太平寰宇记》载：“源阔水五尺，深一丈。”古河东是华夏农耕文明重要的策源地，在这样的文明环境中，人与水的关系无疑是人与自然关系中最重要的一种，因此，在很早的时期就有了奉祀水神的五龙祠。广仁王是水神之一，又称龙王。据《文献通考·郊社考》二三记载：“唐玄宗开元二年（714），诏祠

龙池。又诏置坛及祠堂，每仲春将祭则奏之。”“十八年，有龙见于兴庆池，因祀而现也。敕太常卿韦縚草祭仪。”开始将龙列入祭祀，并封龙为王，称为龙王。《宋会要辑稿》：“京城东春明坊五龙祠，太祖建隆三年（962）自元武门徙于此。国朝缘唐祭五龙之制，春秋常行其祀。先是熙宁十年（1077）八

广仁王庙正殿

月信州有五龙庙，祷雨有应，赐额曰‘会应’，自是五龙庙皆以此名额云。徽宗大观二年（1108）十月，诏天下五龙神皆封王爵。青龙神封广仁王，赤龙神封嘉泽王，黄龙神封孚应王，白龙神封义济王，黑龙神封灵泽王。”广仁王庙现存唐代记事碑二通。一为唐元和三年（808）《广仁龙泉记》，柳体楷书，乡贡进士张铸撰文，河东裴少徽书丹，碑高0.96米，宽0.54米，碑文记述邑大夫于公利用邑北龙泉兴修水利，造福于民的事迹。另一通为唐大和六年（832）芮城县令郑泽撰写的《龙泉之记》，记述的也是官吏创修龙泉广仁王庙、兴修水利以及当地百姓祈雨的事迹。按碑文所记，芮城龙泉奉祀的龙王广仁王比宋代敕封的广仁王要早200年，是唐代开始祭祀龙王时的最早遗迹，也是现存道庙中最早的祭祀龙王的建筑，对于研究河东农耕文化、水利建设以及水神崇拜具有重要意义。

广仁王庙创建年代不可考，现存正殿重修于唐大和五年（831），距今已有1180多年，晚于五台山南禅寺大殿49年，

《龙泉之记》碑首

殿翼角斗拱

殿内梁架

早于佛光寺东大殿26年，介于两者之间。大殿建在高1.2米的砖砌台基上，前设月台。殿身面阔5间，进深3间，单檐歇山顶。殿周设檐柱14根，全部砌于墙内，檐柱间施有阑额，在转角处不出头，无普拍枋，栌斗直接安设在柱头上，为唐代建筑固有的做法。柱头斗拱五铺作，双抄偷心造，形制十分简洁，斗拱上的二跳华拱为四椽栿伸出檐外制成，柱头间不设补间铺作，是小型建筑的习用做法，与中唐时期重建的南禅寺大殿十分相似。殿内彻上露明造，梁架全部露明，殿内无柱，四椽栿直通前后檐制成华拱，使梁架与斗拱构成严密的整体。四椽栿上设有驼峰上承平梁，平梁上设侏儒柱和叉手，两端施有托脚，梁栿加工砍刨精细，均为月梁造，节点上均有捧节令拱和替木承托，整体构架交接严密，既无重叠构件，也无虚设之材，简练而合理，显示了唐代小型殿堂的建造技术。大殿前檐当心间辟有双扇板门，两次间安破子棂窗，其余三面筑以厚墙，大殿屋顶覆盖有灰筒板瓦、脊饰、垂兽皆备。但瓦顶、檐墙、翼角及台明均经后人修理，失去原有的风貌，只有大殿的开间、进深、梁架、斗拱等仍为唐代原制，甚为可贵。

浮图舍利——北齐至唐代的砖石塔

塔又名塔婆、浮图、浮屠，是一种源于印度“窣堵坡”（stupa）的佛教建筑。窣堵坡原来的含义是坟墓，是专为埋藏佛的舍利和遗物而建造的宗教建筑。塔由台基、覆钵、宝匣和相轮构成的实心建筑物，是佛教信徒顶礼膜拜的对象。塔随着佛教传入中国后，与中国固有的楼阁式建筑相结合，发展成造型丰富、形式多样的建筑形式，成为中国人民所喜闻乐见的一种建筑类型。

山西建造佛塔的历史可追溯到北魏时期，据《魏书・释老志》记载，当时平城（今大同，北魏初都）造永宁寺，“构七级浮图，高三百余尺，基架博敞，为天下第一。”皇兴年间（467–471）“又构三级石浮图，榱栋楣楹，上下重结，大小皆石，高十丈。镇固巧密，为京华壮观”。从文献的记载可知，平城永宁寺塔是中国历史上有文献记载的最早的木塔，七级石浮图则是一座仿木结构的石塔。

北朝时期的佛塔，大多已随着历史的流逝而消失在岁月的烟尘中。山西除云冈石窟中有北魏塔形石柱和朔州崇福寺的一座北魏石塔的塔尖外，只有佛光寺北魏祖师塔、太原童子寺北齐燃灯石塔和榆社杨家沟石塔。

佛光寺祖师塔位于佛光寺东大殿左侧，是北魏创建寺院时祖师的墓塔。塔平面六角形，高5.6米，塔身全部用砖砌成，塔基两层，底层用砌叠涩砌成六角形基座，上层束腰基座，方形间柱，砖雕壶门。塔身两层，下层中空，西向辟有火焰形拱门，内作六角形塔室，室顶叠涩收束，形如藻井。塔身外壁无柱，塔檐以雕砖斗拱出檐，上置仰莲和叠涩构成一层塔檐，檐上反叠涩收回承束腰须弥式平座。平座束腰上每面设有间柱、壶门，转角处为束莲矮柱，束腰上下有仰覆莲装饰承托上层塔身。二层塔身的转角处砌有倚柱，饰有仰式束莲三道，西向辟有假券门，门上仍设有火焰形券面，券门外两侧雕有假破子棂窗。塔檐由叠涩一层、仰莲三层构成。塔刹由仰

佛光寺祖师塔

童子寺燃灯塔

莲、宝珠构成，造型奇异，手法苍劲，为国内古塔中所仅见。塔壁的倚柱、门拱、束莲柱等部件形式属古印度风格，其外形、轮廓也仅见于敦煌早期壁画，是中国现存最早的古塔之一。

童子寺燃灯塔，在太原市西南 20 公里龙山童子寺遗址上，是我国现存最早的石灯之一。童子寺为北齐名寺，创建于北齐天保七年（556），曾依山凿有高 170 尺（约合 60 米）的巨佛。山前建有规模宏大的寺院，唐代时高宗和武则天曾来寺礼佛，并赐披袈裟，寺院达到极盛。宋金时期，寺院毁于兵火，唯有燃灯石塔较为完整地保存下来，距今已有 1400 多年的历史。塔高 4.6 米，基石平面六角形，上承圆形基座两层，下层基座围刻有六尊力士，上层刻作束腰，原有的雕刻已风化不清，束腰和基座约为石塔总高的一半。束腰上部为六角形平盘承灯室。灯室平面亦为六角形，三面辟门，外壁和门额上均刻有装饰物，现仍可辨其中有佛像两尊，坐姿、衣纹尚清晰可见。灯室上方为六角形塔顶，檐头微微上翘，中央收做一个六角形小顶，顶部透空，燃灯时灯火由三门射出，烟火由上方排出，设计十分巧妙合理，是国内现存最古的燃灯石塔。

经过周武帝的灭法之灾，北朝以来的佛教寺塔大多已毁之无存，隋文帝时期又开始兴盛，到唐代时佛教达到中国历史上的鼎盛时期，山西现存唐代砌石塔 30 余座，虽大部分为僧人墓塔，但造型或典雅庄重，或精工细丽，在我国唐塔中占有重要地位。

泛舟禅师塔是山西唐代墓塔中的代表作，位于运城市西北 5 公里寺北曲村唐代报国寺遗址上。塔始建于唐贞元九年（793）。唐长庆二年（822）镌造塔铭，详细地记载了泛舟禅师的生平和建塔经过。泛舟，为唐高宗李治之孙，生于唐开元二十七年（739），20 岁出家，贞元九年 54 岁时圆寂。因其出生皇室，死后葬礼十分隆重，并为他建造了这座墓塔，长庆二年（822）镌造了塔铭。塔平面圆形，通高约 10 米，由塔座、塔身、塔刹三部分组成，每部分约占塔总高的三分之一。塔座砖砌圆筒形，上下有收分，上置须弥座，须弥座中雕有壶门并设有间柱，并装饰有莲瓣和菱形花饰。塔身中空，塔心

泛舟禅师塔及局部

设有八角形小室，叠涩收束形如藻井，中央有一方形小孔直达塔顶。塔身外壁由倚柱分隔为 8 间，南面正向辟门，东南和西南两次间雕窗，正北面嵌有塔铭。门为长方形，门框、门槛、门额用青石雕造，两次间窗户为破子棂窗，其制作方法，与敦煌石窟中所绘唐代门窗形制相类似，为研究唐代建筑的重要实物资料。塔檐由 11 层叠涩砌成，外檐两层雕成仿木结构的飞椽，现已残缺不齐。塔檐上部反叠涩收回至中部时突起塔刹。塔刹下部用两层山花蕉，其上用覆莲一层、仰莲两层，中置宝珠式塔刹，形如一座小型宝塔。唐代砖石塔，在国内保存较少，圆形砖塔更为稀少，泛舟禅师塔比例和谐，制作精美，且有完好的塔铭记载，为我国唐代文物中的珍品。

明惠大师塔（唐代）

明惠大师塔是一座精美的唐代单层方形石塔。塔位于平顺县虹霓村海会院遗址上。据塔上铭文记载，塔建于唐僖宗乾符四年（877），是寺院住持僧明惠大师的舍利塔。明惠“大师讳举，俗姓颜氏，家本儒门，琅玡临沂人也……与燕台鹤林寺鉴律师为师，乾符四年正月十三日，为所极命……遂敕谥明惠大师。小师崇昭捧舍利奉诏特建斯塔，于乾符四年而有阙记……时长兴三年六月囗日王辉舍手刊之。”由此可知，海会院为国家赐额的大寺，寺塔也是由政府敕建的。

塔平面方形，为单层亭阁式石塔，通高约 9 米。基座方形，高 1.53 米，每边长 3.55 米，每面嵌有间柱，是完全仿木结构而建造。基座上置须弥座以承塔身，须弥座为束腰式，上下分别为三层叠涩，束腰内每面雕有 4 个壶门，每个壶门内雕有石狮 1 只，或坐，或卧，形态十分生动，四角各雕螭首一只，现仅存东南角一只。塔身方形，高 1.77 米，正南面辟门，内部设有平闇（天花板）。门外两侧各雕一天神，戴盔披甲，一神执剑，一神持杵，足踏祥云，肌筋暴突，刚劲有力，形态十分威猛。门上方雕有半圆形拱券门，浮雕伎乐天三尊，一尊歌舞，两尊奏乐，活泼可爱。塔身两面雕刻有破子棂窗，四边线刻有缠枝花纹，洗练大方，完全仿自木结构做法，塔背嵌有塔铭一方。门窗之上四面饰有垂幔，檐下浮雕龟背锦纹饰，其上出挑飞椽、瓦垅的仿木结构四坡水塔檐，檐部坡度平缓，翼角舒张，垂脊上雕有垂兽。塔刹共 4 层，逐层雕作山花、蕉叶、叠涩座、仰覆莲、覆钵和宝瓶。全塔造型优美，比例适度，雕刻精致而不繁琐，反映了唐代建筑与雕刻相结合的高超水平，成为我国唐代单层石塔中的代表作。

平顺海会院明惠大师塔线图

螭首

塔身雕刻

二天神

【第三章 乱世佛音】

唐朝中叶爆发的“安史之乱”，使中国北方的经济受到严重破坏。公元 907 年朱温灭唐，中国的历史进入五代十国。黄河流域先后经历了后梁、后唐、后晋、后汉、后周及太原北汉政权 6 个朝代，中国陷入了长期的分裂战乱时代。山西独特的地理位置成就了后唐、后晋、后汉和北汉 4 个王朝的霸业。五代时期虽然历史短促，存世仅 53 年，各国国力薄弱，但他们都对宗教充满了热情，也在大兴土木，但因战火连绵，木构建筑存世极少。山西保存有后唐、后晋、北汉 3 个朝代的建筑，分别是建于五代后唐同光三年（925）平顺龙门寺西配殿、后唐天成四年（929）平顺天台庵、五代后晋天福五年（940）平顺大云院正殿、五代北汉天会七年（963）平遥镇国寺万佛殿。这几座建筑的风格苍劲古朴，继承了唐代建筑雄浑大气的风格，表现了鲜明的时代建筑特征，对宋辽金建筑的发展起了承上启下的作用。

天台庵正面图

唐韵流转 —— 平顺天台庵

天台庵是一座佛教寺院，位于平顺县城北 25 公里王曲村口。寺周绿草如茵，林木苍翠，东、南、北三面皆为农舍，寺前为漳河，景色十分迷人。从其椽子上发现的文字，确定其为五代后唐天成年间的建筑。从寺名看，寺院为佛教天台宗所创。天台宗是中国佛教中最早创立的宗派，因创始人智顗常住浙江天台山而得名。其教义主要是依据《妙法莲花经》，故也称为法华宗。天台宗综合佛教南北各家教义和禅观之说，在中国佛教史上影响很大。隋唐时期是佛教开宗立派的时代，天台宗在北方建有佛寺，本身就是佛教南北交流的见证。天台庵与天台宗的关系，由于年代久远，地处偏僻山区，且规模较小，不属县邑名刹，故志书上也不见记载。寺内保存一块石碑，文字已漶漫不清，但寺内殿宇苍古的造型以及梁架结构和斗拱皆延续了晚唐时期的特征，成为我国现存最早的天台宗殿堂。

庵内现仅存大殿一座。殿身平面呈方形，基座由片石砌筑，面阔三间，进深三间，单檐歇山顶。殿身的正面、侧面的明间开间较大，次间仅有明间的一半，在我国现存早期建筑中是很少见的。大殿四周设有 12 根檐柱，圆形直柱造，柱头施有卷杀，卷杀的制作方法较宋代建筑的卷杀更为和缓。柱间设有阑额，不设普拍枋，阑额在转角处不出头，这种手法具唐代建筑的特征。柱头上的斗拱十分简洁，仅在栌斗口内出华拱一跳，跳头上设替木承托檐槫，华拱的后尾是用四椽栿的两端伸出檐外制成，既无令拱，也无耍头，梁架与斗拱紧密地连结为一体，整体构架简洁明快，建筑刚度极佳。梁架的结构为厅堂式构造，许多做法与建造于中唐时期的五台山南禅寺大殿相似，为中国小型佛殿中的佳构。

天台庵碑

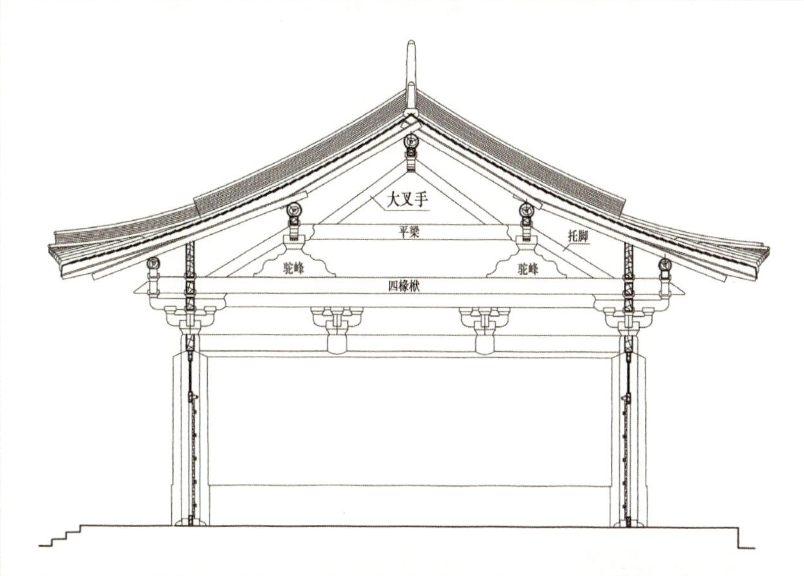

天台庵横剖面图

天台庵转角斗拱

天台庵大殿梁架

天台庵正殿屋顶\正吻\檐口

天台庵碑局部

乱世遗珠——平遥镇国寺

五代十国时期的北汉，是十国中唯一一个建立在北方的政权，北汉以晋阳（今太原市）为首都，领辖着晋阳周围的12个州县，后被北宋所灭，从开国到亡国不过29年。北汉在建国初的三四年间，与后周多次交兵失利，兵力大减，财政不济，便求助五台山十寺都监继颙。刘崇见到继颙“奇表。叹未曾有，特命与诸王为兄弟”，与和尚称起兄道起弟来了。继颙善理财，他在繁峙东楼谷发现银矿，便在当地冶炼银，十分之四交北汉。北汉政权有了“孝敬”契丹的银子，就能换取契丹的武力支援，过了一段短暂的和平时期。天会十二年（968）刘继元即位，任命继颙为五台山管内都僧统，第二年宋太祖率兵攻打太原，由于宰相郭无为主张投降被处死后，继颙于天会十四年（970）当上了北汉的宰相，和尚当宰相，这是史无前例的事。由于继颙的佛教身份，北汉皇帝十分崇信佛教，曾在晋阳天龙山兴建千佛楼等佛事活动，终因国弱地贫，所留遗物极少。平遥镇国寺位于平遥郝洞村，距晋阳不过百里，寺庙建筑、彩塑均保留着浓郁的唐风，寺内万佛殿是北汉政权遗留至今的唯一木构建筑实物。

镇国寺原名京城寺，明嘉靖十九年（1540）改为今名。寺院的历史沿革，县志和碑文都没有详细的记载。《平遥县志》记载，寺内万佛殿自北汉天会七年（963）创建。金天德三年（1151）对寺内建筑进行了局部维修。元、明时期，寺前重建山门、天王殿和钟鼓楼，后部重建了三佛楼和观音殿、地藏殿。清嘉庆二十年（1815）对万佛殿进行了大修，在寺西增建了僧舍，始成现状。

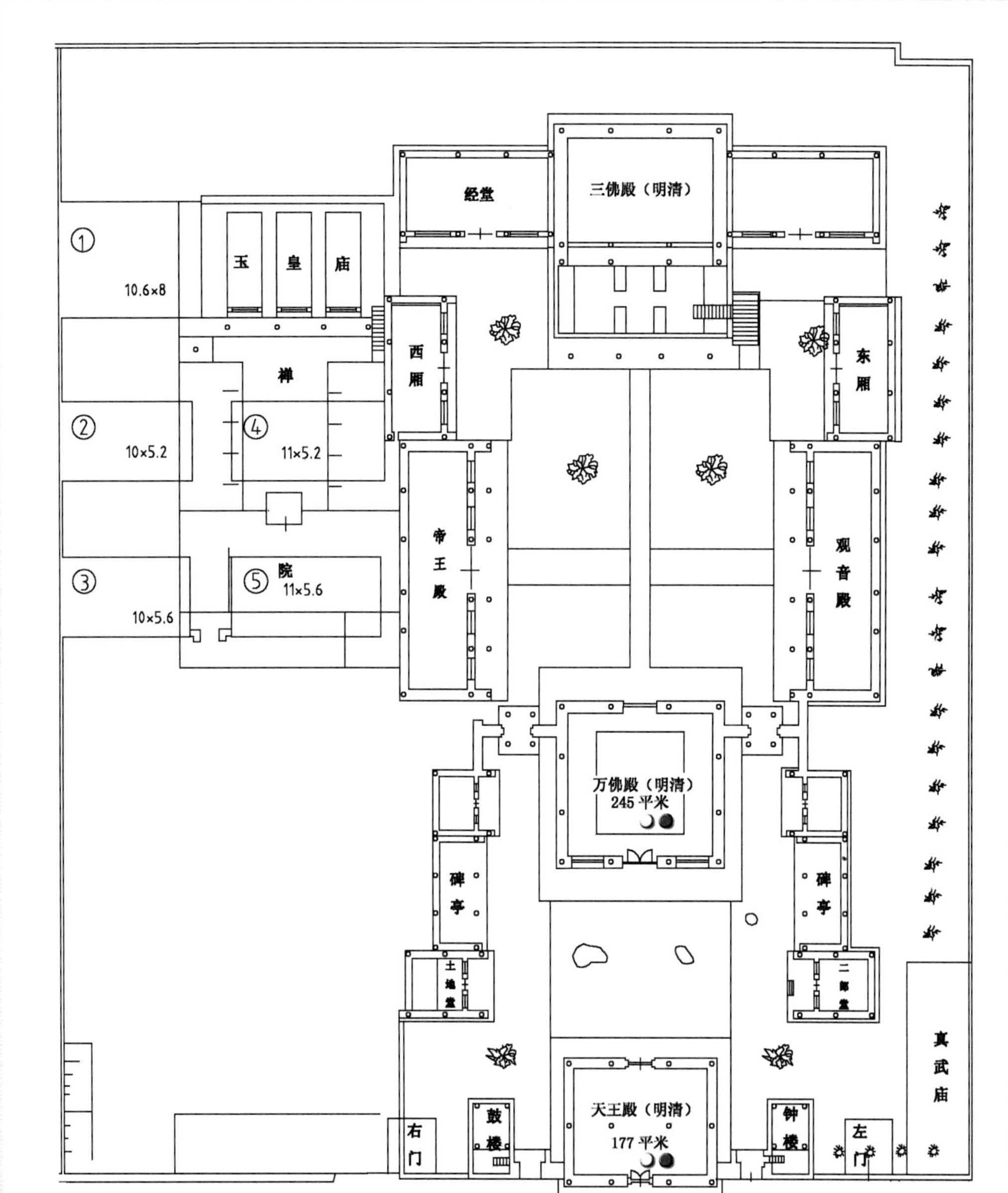
三佛殿（明清）
经堂
玉
皇
庙
①
10.6×8
西
厢
东
厢
禅
②
10×5.2
④
11×5.2
院
③
⑤
11×5.6
10×5.6
帝
王
殿
观
音
殿
万佛殿（明清）
245 平米
碑
亭
碑
亭
土
地
堂
二
郎
堂
真
武
庙
天王殿（明清）
177 平米
鼓
楼
钟
楼
右
门
左
门

镇国寺平面图

寺院布局分前后两院，前院建东西配殿，中为五代建筑大佛殿，后院以千佛楼为中心，左右建观音殿和地藏殿，禅堂僧舍建在寺院西侧，布局谨严，主次分明。

镇国寺内的建筑，以万佛殿最古，大殿脊榑上还留有“惟大汉天会七年(963)岁次癸亥三月建造”墨书题书。关于这次维修，清嘉庆二十年《重修镇国寺碑》记载得较为详细。中有中殿（万佛殿）剥落甚，然其规制奇古，绝不类近世所为；或曰寺创于北汉天会七年，殿固原建时所营；或曰元明时所重修者，惜无碑碣可考……先是殿之墙宇虽圮，而基址如故，遂因旧址而葺之。“嘉庆二十年的这次修理”凡栋梁之朽折之，皆易焉。并未进行拆除重建，而是将已朽坏、断裂的栋梁加以更换，对于建筑的结构则予以保留，是古代“修旧如旧”的一个典型实例。

万佛殿正立面

万佛殿面阔3间11.57米，进深3间10.77米，平面近于方形，单檐歇山顶。殿正面当心间辟门，两次间置窗，后檐当心间也辟有板门一道，可以前后通行。殿内无柱，为彻上露明造做法。梁架为六椽栿两层直达前后檐外，上施四椽栿和平梁，两端用托脚支撑，结构谨严，形制古朴。柱头斗拱七铺作，双抄双下昂偷心造，斗拱总高1.85米，超过柱高的一半，出檐2.94米，显得十分深远，具有唐代建筑的风格。补间斗拱五铺作，其形制做法近似于五台山佛光寺东大殿，可证其建筑技法直接继承至唐代。五代至宋初，斗拱用材大，而在3间的殿宇中，竟使用了七铺作斗拱，在国内现存古建筑中也属罕见。

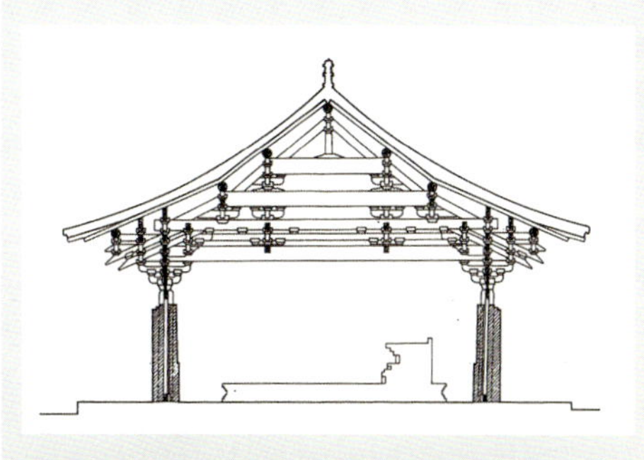

万佛殿横断面

万佛殿梁架结构

万佛殿及外景

万佛殿内设有倒凹字形佛坛，坛上布列有彩塑 11 尊，是国内除敦煌莫高窟外，唯一的五代时期寺庙彩塑。五代时期受唐代文化和北宋文化的影响，佛寺建筑中的彩塑、壁画多受世俗化的影响，民间开始有“现世得福”的观念，观世音菩萨、地藏菩萨和罗汉等题材逐渐流行于五代的寺院中。位于北方的北汉政权与中原和南方都交往较少，因此，镇国寺彩塑的题材和风格都保留着唐代的遗风，受中原和南方的影响极小，群像、布局都承袭着晚唐的样式和风格。

佛坛上以中尊释迦牟尼佛为中心，左右阿难迦叶侍立，四尊胁侍菩萨分列两侧，坛前二角立有天王护法，佛座前两尊供

万佛殿护法天尊

万佛殿五代彩塑全堂

万佛殿释迦牟尼主像

万佛殿弟子，立姿、坐姿菩萨及童子

迦叶

童子

养童子半跪于高蒂莲台上。主像高 4.7 米，结跏趺坐于须弥坛上，袒右肩，肩胸宽厚，衣褶中见腹部微鼓，衣褶展转自如，有别于唐代造像柔软飘逸的风格。佛像后设有高大的背光，中为化佛 3 尊，上饰有飞天，四周饰有吉祥花纹、忍冬蕙草和火焰二层，内容丰富，制作精美。弟子阿难，眉清目秀，神情稳重，充满活力。迦叶为老年形象，面容苍老，神情专注，颇具长者风范。彩塑生动地表现出各自的形貌特征和内在的气质。两尊立姿胁侍，身姿婀娜，露臂袒胸，璎珞佩于胸前，斜披彩带，衣纹为湿纱裹体，流畅自如，有“曹衣出水”的风格。两坐姿胁侍面相丰满圆润，束高发髻，神态端庄安详，一腿盘曲，一腿下垂，足踏莲，天衣覆于座上。供养童子天真烂漫，童稚可掬，跪于高蒂莲台之上，造型沿袭唐制，宋代以后已不多见。立于坛角的两尊护法天王，手执降魔杵，神情专注，目视前方，着武士装，造型近于唐代天王。全堂彩塑，在布局和表现手法上继承了唐晚期“周家样”丰腴浓丽的风格，神形具备，各具特色，佛菩萨面相较唐代稍长，相貌和衣饰具有北方少数民族的色彩，是唐代遗风与北汉不尚奢华淳厚气质的高度融合，较之于敦煌石窟晚唐彩塑毫不逊色。

三佛楼立面

三佛楼是镇国寺的后殿，坐落两进院落中。下为三孔窑洞，上建佛殿。殿身面宽 3 间，进深 4 椽，单椽辟廊，悬山顶。椽下斗拱三踩，单翘单昂，建筑形制简练，其风格与古朴的万佛殿截然不同，据殿内梁架下的题记载，重建于清雍正九年（1731），殿内保存有明代彩塑 9 尊，壁画 52 幅，制作精美，为山西明代彩塑、壁画中的精品。

三佛楼内的主像为佛教中的三佛，也称“三身佛”。小乘佛教以三十二相、八十种好描绘释迦牟尼佛身的庄严。大乘佛教提出“佛”有无数，“身”有各种含义，佛有多身。最普遍的就是天台宗提出的法身、应身和报身的说法最为流行，大殿中塑三身佛，就是依据的这个说法。中间的是法身佛，名毗卢遮那佛，表示佛法的本身，是佛的人格化；左边一尊为报身佛，名卢舍那佛，是以法身为因，经

过修持而获佛果的，功德圆满，能显现出智慧的佛身；右边为应身佛，就是释迦牟尼佛或释迦文佛，是为教化和超度众生的需要而显现的佛，释迦牟尼就是在现世的应身佛。三尊主佛均结跏趺坐于须弥座上，发鬟扁平，面形丰满，垂视而笑，表情恬静慈祥，身着通肩袈裟。三尊佛像后都饰有背光，中尊的背光呈旋转状火焰纹，东西两尊背光火焰呈放射式，背光内花饰精美，具有较高的工艺水平。佛前立有 4 尊供养菩萨，体态丰满，头上云头卷发，饰以小环冠，衣饰中的披带自然飘拂，胸前不饰璎珞，装束朴素庄重，具有十分明显的现实生活意味，有贴近人世的亲切感，是佛教逐步世俗化的真实体现，也显示了民间匠人超越常规、融合生活的雕塑风格。

三佛楼彩塑三身佛

三佛楼壁画

三佛楼内明代壁画保存在楼内东西两壁，清代重新敷彩。画面以释迦牟尼应化示现为主题，用连环画的形式展开，共52幅，每面26幅，总面积约150平方米。释迦牟尼应化示现图，又称释迦谱，是以绘画的形式表现释迦牟尼的一生经历，所以也称佛传故事。这种题材产生较早，北朝时期就有，当时只有20多幅，金元时期增至48幅，明代时84幅，清代时增至126幅。山西的佛寺多是依旧制而建，佛传故事仍依金元时期48幅绘制。壁画以墨线在墙壁上打出界格，每幅一格，画面上书写榜题。画面根据题材，绘有众多的人物，间以山水、景色，场面紧凑，主题突出。色彩以石绿、青灰和土黄为主，间以朱、黑等色，色调清新自然，画面流畅生动，表现了明代工笔壁画的功力。

龙门寺香道

峰锁龙门——平顺龙门寺

距平顺县城东54公里的石城镇源头村北，是浊漳河流经山西与河南省交界的地方。河的北岸有一条幽深的山谷，谷内双峰夹峙，悬崖峭壁高达百米，龙门寺就坐落在谷内一块较为开阔的坡地上。寺前建有曲折幽长的香道，香客从山口望不见寺院，只有经过迂回曲折的行程，才能到达寺前，颇有深山藏古寺的意味，空间环境处理得十分成功。

寺宇是一座具有悠久历史的佛寺。据寺内明嘉靖三十九年（1560）碑记载，北齐文宣帝时“敕修斯寺”。清雍正年《山西通志》和乾隆年间编修的《潞安府志》等对寺院建造记述更详：南北朝北齐天保年间法聪和尚经五台山云游至此，见这里灵气飘逸，清静幽雅，遂禀呈皇帝，传旨建寺，初名法华寺。另据明成化年《敕赐龙门山惠日院重修碑记》，“大宋太祖皇帝建隆元年二月十二日，敕听存留，明年辛□，光禄大夫、检校国子祭酒、监察御史师俨，衙前将军□□□□□□等；黎城、潞城两县人，起盖观音堂一座，并石像三士及门廊屋、行廊五十余间，装饰完美，御史俨公请额。朝廷寻家，恩须赐大藏尊经，修转轮藏殿，起盖碑楼。熙宁乙卯，尚是僧德果、卿民相立，请往是寺，日佳一粥，刻苦修葺殿堂、寮舍数盈百间，四方官庆献稠垒，增饰圣像，一概奇新矣。”从以上碑文的记述可知，寺创建于北齐，宋建隆元年（960）时宋太祖曾讨伐过曾为后唐属地的上党，平息战事后重建了寺宇。现存寺中的北齐遗物已无遗迹可寻，此后金、元、明、清历代均有重修，总体布局尚保存着宋代熙宁年间重修后的格局。

寺院坐北朝南，东西宽 65 米，南北长 78 米，总占地面积约 5070 平方米。布局分为三条轴线布置。中轴线布置了三进院落，排列有山门、正殿、燃灯佛殿、千佛阁（已毁），每进院落均设有东西配殿，院落随地形建造，形成渐次叠高的形态。中轴线采用对称式布局，显示了中轴线建筑在寺院中的尊崇地位。西轴线由前后两进院落的僧舍和库院等附属建筑组成，东轴线则由圣僧

龙门寺全景图

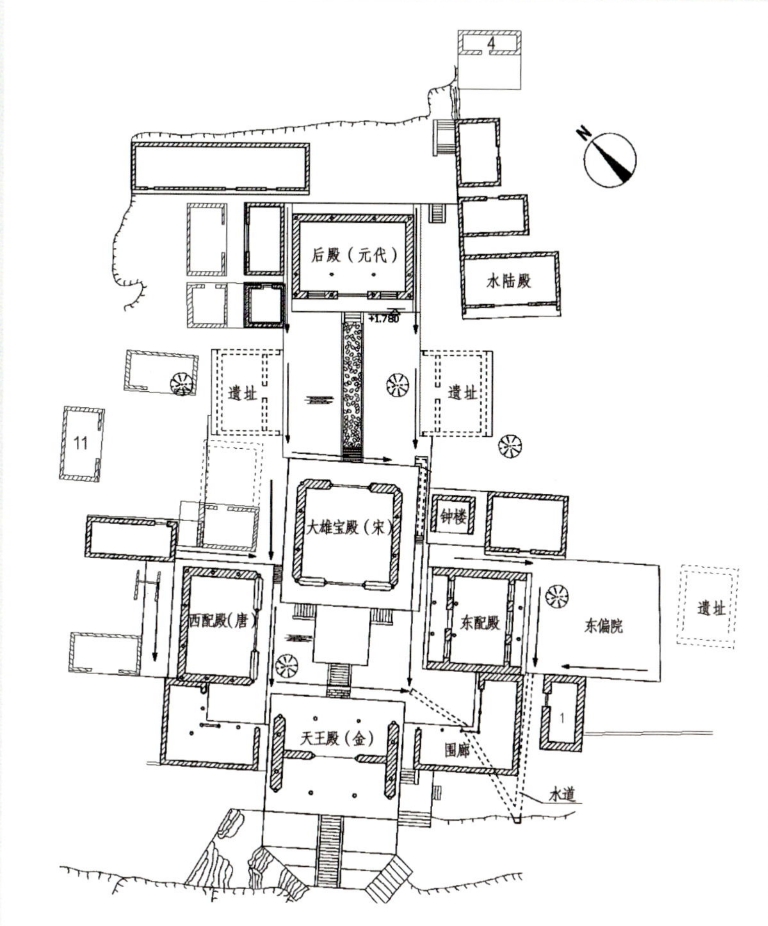

龙门寺总平面图

堂、水陆殿及禅堂、僧舍围合成的院落组成，东西轴线上的建筑均由前院、中院和后院三部分组成，两轴线的建筑多为明末清初所建。寺西沟地里还保存宋、元、明清历代墓塔 10 余座。寺院的整体布局错落有致，主次分明，空间的设计上层层推进，转折有序，别具特色，显示了宋代匠师对空间环境的理解和匠心。

寺内中轴线上的建筑是整个建筑群中历史最为久远的部分，也是全寺建筑的精华。西配殿是寺内最古老的建筑，创建于五代后唐的同光三年（925）至清泰二年（935）之间，是我省现存的三座五代木结构建筑之一。《山西通志》

西配殿正立面

《潞安府志》均记载了后唐的这次维修，“龙门寺在石灰里，后唐同光三年（925）重建，山有三穴胥起龙，故名。”西配殿就是这次维修后的遗物。西配殿位于中轴线前院的西侧，面宽3间，进深4椽，悬山顶，是唐五代时期悬山顶建筑的唯一实例。殿通面阔9.87米，通进深也仅6.8米，虽为配殿，但其形制十分古朴，构件制作也一丝不苟，反映出当时工匠高度的施工技术水平。西配殿的梁架结构，每缝梁架只是由一根四椽栿和一条平梁组成，彻上露明造做法，四椽栿和平梁的两侧面均砍成琴面，四椽栿上用驼峰支撑平梁，平梁中部立有蜀柱，梁两端使用叉手支撑，蜀柱上承脊槫，这种做法是唐五代时期流行的手法。前檐明间安设板门，两次间置棂窗。檐柱有明显的侧脚和生起，柱头上不用普拍枋，阑额在交汇处不出头，与唐代建筑的做法十分相似。柱头斗拱形制简单，栌斗直接坐在柱头上承小拱，斗口内出跳，跳头由四椽栿两端砍制而成，补

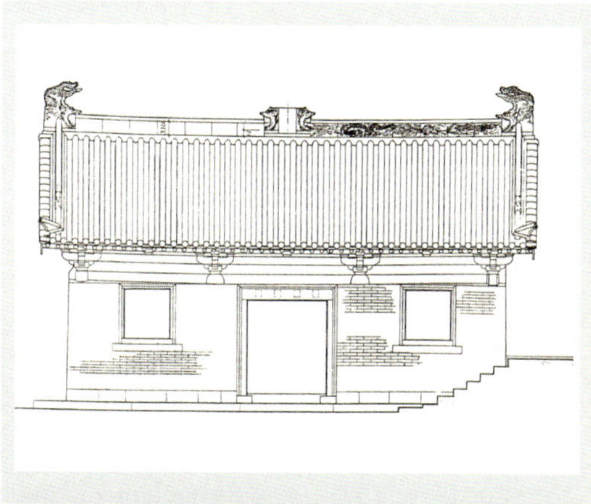

西配殿线图

西配殿斗拱

西配殿梁架结构

间不设斗拱，仅在枋上刻出影拱。严谨的梁架结构、梁栿的制作方法和斗口跳的做法，以及殿下低矮的台阶，都保持了唐代建筑的遗风，是唐代向宋代建筑过渡时期的重要实物。

正殿也称中殿，是寺内供奉释迦牟尼佛祖的大雄宝殿，位于中轴线的正中。重建于北宋绍圣五年（1098），石条殿基，高1.4米，殿前无月台。殿身面阔3间，进深6椽，平面近于方形，单檐歇山顶。殿顶饰有黄绿琉璃瓦脊兽，为明成化年间制作。四周用檐柱10根，前檐4根檐柱和后檐2根角柱均为抹角石柱。石柱上刻有施主姓名，其中当心间西柱上刻有“绍圣五年戊寅岁四月二十日石城村维那樊亮保家眷平安施柱一条……”题记，是大殿重建年代的确切佐证。大殿前檐当心间辟有板门，两次间设窗，后檐当心间也设有板门，可前后通行。当心间开间 4.5 米，两次间 2.75 米。内外檐均在柱头上设有斗拱，无补间斗拱。柱头斗拱六铺作单抄双下昂，里转五铺作偷心，斜出的昂后尾挑于梁下，保存着唐宋时期斗拱在结构作用上的特征。殿内梁架彻上露明造，四椽栿对乳栿用三柱，四椽栿为原材加工后使用，而乳栿和平梁的加工都较为平整，大木结构开间尺寸和细部做法都保留了宋代建筑的特征。

山门原为寺内天王殿，位居中轴线前端。（山门）面阔 3 间，进深 4 椽，悬山顶。前檐柱头斗拱双下昂五铺作，后檐单抄单下昂，昂为假昂，为四椽栿伸至檐外砍制成的蚂蚱耍头。补间铺作仅当

龙门寺正殿

正殿殿顶琉璃构件

正殿檐下斗拱

正殿内修缮时剥出的壁画

心间设有一朵，华拱两侧加施斜拱各一缝。殿内梁架设有中柱，应为装设板门的位置，但门窗却设在前后檐柱上，与大同善化寺金代山门（天王殿）的做法相似。山门两侧的回廊、柱额斗拱、梁枋做法，与山门相类似，具有宋金时期建筑的特征。

中轴线上的后殿为燃灯佛殿，面阔 3 间，进深 4 椽，单檐悬山顶。柱头斗拱仅施于前檐，双下昂五铺作，耍头为乳栿伸出檐外制成。殿内梁架结构简洁，梁枋均为原材稍加砍制后直接使用，断面不规整，与山西现存的许多元代建筑的特点极为相似。

东配殿位居前院东侧，与西配殿相对而建，面宽 3 间，进深 4 椽，硬山顶，前后插廊，为明代弘治年间重建。

寺内各殿的彩塑、壁画、经籍、供器等文物大多已毁损流失，仅存宋代石雕观音菩萨坐像（缺

龙门寺山门

燃灯佛殿

出土的石造像

头）、宋雕石座和明清时期的残存壁画。寺院内还存有五代后汉乾祐三年（950）石幢、北宋乾德五年（967）“故大师塔记”等历代碑碣 20 余通，明成化年间铸造的大铁钟一口。这些珍贵的附属文物成为研究寺院创建、增建等历史沿革及规模建制、寺院经济、佛教文化等方面的有力佐证。

龙门寺不仅以其优越的环境风貌、高超的总体布局、精妙的建筑空间处理，成为我国古建筑中的不可多得的珍品，而且其悠久的寺史，集五代、宋、金、元、明、清建筑于一寺的建筑群，具有很高的历史、艺术、科学价值。

大云院全景

紫殿红楼——平顺大云院

大云院，又名大云寺，坐落在景色秀丽的平顺县龙耳山中。寺院背依重峦叠嶂的龙耳山，前临奔腾汹涌的漳河，林木交荫，僻静幽深。寺内碑文记载始建于五代后晋天福五年（940），初名仙岩院，开运二年（945）大佛殿竣工。后周显德元年（954）住持僧圆寂后在寺外西南建造了七宝塔。但寺院在方兴未艾时，却遭到后周世宗在显德二年（955）的废佛运动，寺院遭受打击，虽未将寺院全毁，但教势大衰，七宝塔也被杂土掩埋。北宋建隆元年（960），宋太祖下诏复法，寺院才又兴盛起来，当时寺内有殿堂100余间。太平兴国八年（983），奉敕改额为“大云禅院”，天禧四年（1020）刻制敕赐双凤山大云院石碑1通。金元时期，寺院又遭到兵火的毁坏，除大佛殿巍然独存外，寺内建筑大多已坍毁。明成化年间对大佛殿进行了修葺，殿内新绘倒坐观音像 1 尊，殿前新修了僧房和伽蓝殿，弘治年间（1491—1496）在后殿内新塑佛、菩萨像。明代的两次重修,基本上恢复了寺院的昔日的盛况。清康熙三十一年（1692）当地的一场暴雨，将“殿宇僧舍漂流无存”，所幸的是大佛殿和七宝塔安然无恙。清康熙三十三年开始，用 5 年的时间对寺院进行了大规模重修，全面修复了寺院，民国九年（1920）添建了三佛殿，始成现状。寺院坐北朝南，共两进院落，采用了传统的中轴线布局，天王殿、大佛殿（原称弥陀殿）、三佛殿一字排列于中轴线上，前院东西配殿分别为观音殿和地藏殿，后院东西厢房已毁，占地面积约有 4000 多平方米。大云院历经千年沧桑，寺内的单体建筑大多已面目全非，然而大佛殿历尽劫波，仍然原汁原味地保存着五代的原构，殿内保存五代壁画更为全国寺观中所仅有的稀世珍品，成为中国古代建筑史、壁画艺术史上重要的史料。

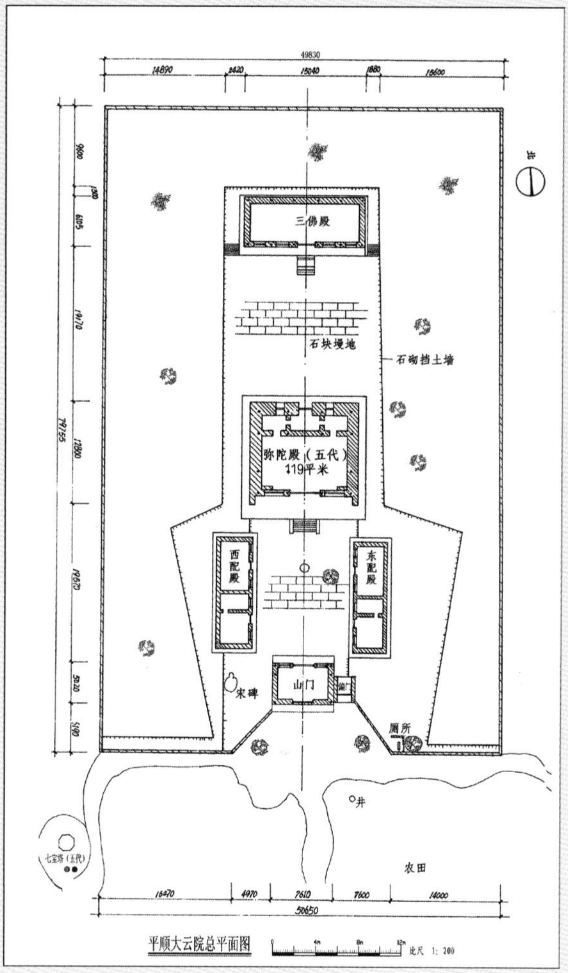

大云院总平面图

弥陀殿

大佛殿又称弥陀殿，因殿内原供有阿弥陀佛而得名。殿身坐落在高 1.3 米的青石台基上，基前无月台，仅在台明的当心间设有五级踏步。面阔 3 间，进深 6 椽，单檐歇山顶，屋脊用瓦条垒砌，尚存唐代建筑的遗风。檐下四周施有檐柱 14 根，柱头上施有圆弧的卷杀。柱础石青石雕造，上雕有宝装覆莲。檐柱上阑额普拍枋呈丁字形交接，转角处阑额不出头，普拍枋斜向搭接，形成稳固的方形框架体系，这种在阑额上加设普拍枋的做法，是我国古代木结构建筑最早的一例。柱头上设有双抄五铺作斗拱承托屋檐，耍头批竹昂形，补间各施一朵，形制近于柱头斗拱。值得注意的是两次间的补间斗拱不设在开间的中线上面而略向外移，与转角斗拱连接在一起，共同承托屋顶翼角的荷载，设计得十分巧妙。大殿的梁架采用彻上露明造做法，殿内施用减柱法扩大礼佛空间，整个大殿内仅在后槽使用了两根金根，且柱间又设有扇面墙，既解决了殿内安设佛像的功能要求，又不影响视线和礼佛活动的进行，在功能和使用上颇具匠心。因为殿内不设平綦，全部梁架都露明，因此构件的加工十分精细，梁枋前端加工成月梁形。四椽栿上用两个大驼峰承托平梁和平槫，平梁两端用长及两架椽的大托脚支撑，构成一个三角形的构

弥陀殿侧视

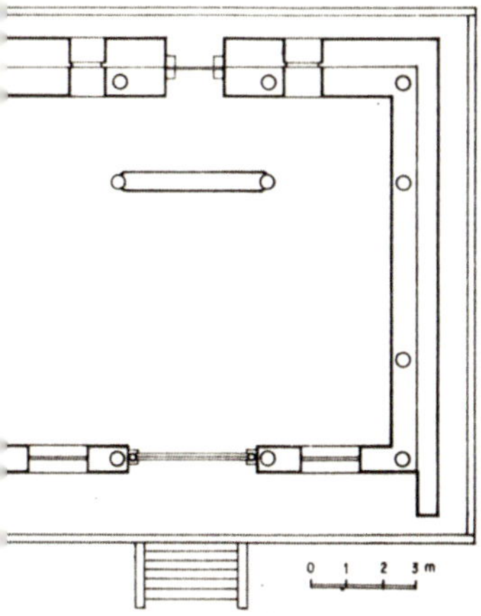

大云院弥陀殿平面图

弥陀殿梁架\柱口头斗拱\柱础

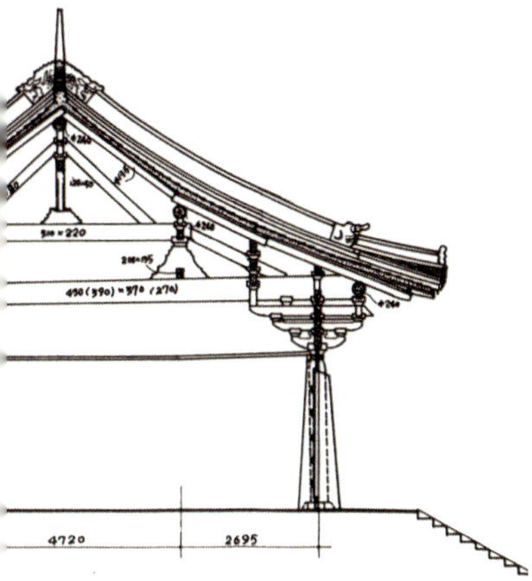

大云院弥陀殿大殿立面图

大云院弥陀殿纵断图

架，将平梁承载的屋架荷载有效地分解到檐柱上，使整体梁架结构稳固而有力。屋顶为单檐歇山式，因此，在构架中使用了山面丁栿，内高外低，形如爬梁，角梁后尾长达两个步架，承托着深远的出际。梁架结点中使用驼峰，形态各异，尺度不一，雕刻的线条流畅简洁，兼具结构和装饰的双重功能，不同部位上使用的驼峰种类多达 8 种，在中国木构建筑中是极其罕见的实例。大殿拱眼壁和梁架上绘有五代时期的彩画约 11 平方米，风格古朴庄重，是早期建筑彩画中的珍品。

殿内东壁和扇面墙两面上残存有壁画 28.8 平方米。这些壁画与大殿同为五代时期的作品，是中原地区唯一的五代寺观壁画。东壁上绘有“维摩诘经变图”，表现的是维摩诘与文殊菩萨辩论的场面，是南北朝以来习见的佛教题材。维摩，全称维摩诘，汉译为净名，相传是金粟如来的化身，以居士身份辅佐释迦教化众生，他深明佛理，又善辩。一次维摩称病在家，等待释迦派使者去探望他，佛派舍利佛、弟子大迦叶等前往探望，大家皆因惧怕维摩的能言善辩而推辞，

弥陀殿壁画（局部）

于是佛派以智慧而闻名的文殊菩萨前往探望，时有八千菩萨、五百声闻、百千人天都相与观看文殊与维摩居士的这场著名的论辩。《维摩诘经》中对这些论辩的叙述，形象鲜明，富有哲理的文化价值，故从南北朝、隋唐以来，就用这些丰富的情节作为绘画、雕塑、戏曲的题材。维摩以长者居士的形象，在佛教和社会上都产生了很深远的影响。画面中维摩居士身着魏晋士人服装，斜倚于帷帐之中，似与文殊辩论已久，一副超脱傲岸的神情，善辩的才干和激愤的神情溢于言表。文殊菩萨与维摩对坐，神态安详沉稳，表现出成竹在胸、岿然不动的神情，动静之间，着力将人物的内心世界刻画得形神俱备。文殊身后的罗汉菩萨、天王、力士等众多人物，静心倾听双方的辩论，神态各异，栩栩如生。尤其是擎花天女，头梳双髻，一手托花盘，一手拈花朵，形态十分优美。壁画的上方绘的是“须弥山化菩萨众”，描绘的是“净土变”中那幻想中“极乐世界”的佛国景象：琼阁宝宇紫殿红楼，彩云缭绕，飞天飞翔于

弥陀殿五代壁画

其中，飘带飞舞，地上奇花异草，花团锦簇，强烈的色彩和动感，烘托出美妙的西天圣境，表达出虚幻的佛教世界。飞天面相丰满，身姿浑圆，前胸袒露，衣带尚存唐代画风。扇面墙上的壁画原为佛坛上彩塑的衬景，塑像已不存，仅存原佛像被后人绘在扇面墙上的背光和两侧的两尊菩萨像。菩萨分别为弥勒佛的胁侍大势至和观音菩萨，像均高约 1.9 米，分别手执莲花经卷和净瓶柳枝，神态端庄安详，体态丰满壮硕，面相和身姿与唐画极为相似。菩萨像分别题有“观世音菩萨一尊阖家供养”“大势至菩萨一尊阖家供养”，可知壁画是由当地信士施财绘制的。扇面墙背面是以“西方净土变”的题材绘制。将佛教经变故事

绘入壁画，在南北朝时开始流行，至隋唐时达到极盛，不仅规模、技艺大大超越前朝，而且逐步将世俗人物等题材也添进了经变壁画中，在单调刻板的宗教画中注入了现实生活的情趣，丰富了壁画的内容。弥陀殿的这幅经变壁画可看作是隋唐经变画的余绪。画面的中部、上部绘有塑像背光，两侧绘殿台楼阁，佛端坐莲台上，四周菩萨供养人环绕，座后彩云缭绕，乐伎着宫女装歌舞蹁跹，或吹奏，或唱歌，或舞蹈，沉醉在幻想的“极乐世界”中，表达了“彼佛土……琉璃为地、金绳界道、城阙宫阁、轩窗罗网，皆七宝城”的主题，具有强烈感人的艺术力量。画面在并不宽大的篇幅中，绘制了大量的人物、楼台、彩画、异草，构图井然有序。在绘制技法上继承了晚唐“焦墨薄彩”的风格，线条浓淡分明，转折有序，设色丰富，并在重要部位施以沥粉贴金，画面虽然残损严重，但艺术价值非凡，是十分珍贵的五代遗作。

七宝塔

寺外的七宝塔与大殿同为五代遗物。七宝塔由青石雕造，平面八角形，通高约 6 米。由基座、塔身、塔刹三部分组成，各占总高的三分之一。基座二层束腰须弥式，下层雕宝装莲花，每面分别雕有麒麟、狮子、飞马，束腰内雕有壶门，内雕载歌载舞的伎乐天，舞者舞姿优美，伴者栩栩如生，雕刻精细。塔身两层，下层正面辟门，内置八角形塔室，拱门上方刻有火焰形图案，门侧刻有两尊力士仗剑而立，塔身转角处雕有盘龙柱。塔背面雕有假板门，门扇半掩，一比丘推门欲行又止。这种题材在宋金砖雕墓中较为常见，称为妇人半掩门，在唐五代佛教寺院中则属首见。塔檐仿木结构雕有瓦垄、椽飞，檐头雕有飞天。两层塔身由云形塔座承托，平面方形，上承两层仰莲、覆钵、相轮组成的塔刹。石塔设计精巧，比例适当，雕刻精美，独具匠心，手法尚具唐代风格，是我国五代石塔中的精品。

【第四章 西京梦华】

五代时期崛起于边疆地区的契丹国，在公元 916 年建年号，公元 938 年改国号为辽。这一段时期侵占了山西、河北的北部，对汉族和契丹采用了不同的政策，广泛吸收汉文化，进入封建社会。山西的大同成为辽朝的西京，由于北方从唐末就形成藩镇割据的状态，建筑风格很少受后期中原和南方的影响，因此辽代建筑保持了很多唐、五代的风格，再加上游牧民族豪放的性格，建筑物显得庄严而稳重。辽代有些殿宇东向，这与契丹族信鬼拜日、以东为上的宗教信仰和居住习俗有关。辽朝在建筑方面主要依靠当地的建筑工匠，因此建筑保存了唐的雄健爽朗、刚古劲挺的风格。山西保存的辽代建筑以应县佛宫寺释迦塔，大同华严寺薄伽教藏殿、善化寺大雄宝殿为代表，都是体量巨大的木构建筑物。

华严寺全景

西京祖庙——大同华严寺

华严寺位于大同市城区内，是辽代时西京巨刹，殿阁巍峨，寺宇宏伟。

10世纪初，契丹在建立辽王朝前后，就开始吸收汉族文化。后晋天福三年（938）石敬瑭将燕云十六州献给契丹，使得辽的疆域扩展到长城边上，得以进入了山西和河北省的北部。这一带原本就是佛教盛行的区域，具有深厚的宗教氛围，契丹政权的崇佛更促进了辽代佛教的发展。到了辽圣宗、兴宗和道宗三朝（983—1101），辽代的佛教发展到极盛。尤其辽圣宗降旨全国尊崇佛教，大力营建佛寺，编刻佛经，并请名僧到宫廷讲经说法，位以高官。辽道宗本人精通梵文，对佛教华严学说颇有造诣，亲自撰写《华严经随品赞》10卷，在他的热心倡导下，华严学说盛行辽地。华严寺就是在辽道宗巡视西京时创建，寺名取自佛教华严宗的经典《华严经》，故名华严寺。

据《辽史·地理志》记载，清宁八年（1062），道宗巡视西京，下令在此"建华严寺"，并随之扩建寺院，并且在寺内"奉安诸帝石像铜像"。这时的华严寺已不仅是弘扬佛教和典藏经书的佛寺，而且具有了辽朝皇室祖庙的性质。辽中叶后的100多年，经过辽朝诸帝的大力提倡，寺院规模宏大，盛极一时。辽保大二年（1122）由女真人建立的金朝军队攻陷了大同后，华严寺遭到严重破坏，除下寺的薄伽教藏殿外，大部分建筑毁于战火。

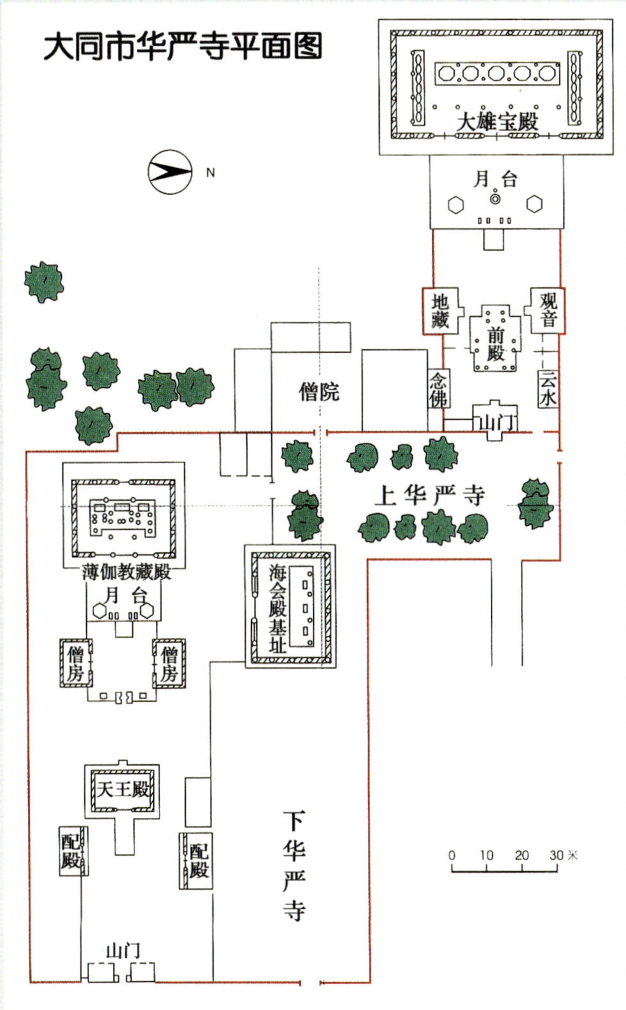

华严寺平面图

金代时，大同为金朝的西京。天眷三年（1140）对华严寺进行了大规模修复和重建，但规模已远逊于辽代。元代末年，华严寺再遭战火。明代初，寺院被没收为官产。明宣德、景泰年间，寺院又进行了大规模的重新修建，补塑佛像，重绘壁画。明代中叶以后，寺院析分为上下两寺，各开山门自成一体。现存华严寺的整体建筑坐东朝西，与中国古代佛寺坐北朝南的传统方位不同，这与寺院是契丹族所建有关。契丹族以东为尊，《新五代史·契丹传》曾记载“契丹好鬼而贵日，每月朔望，东向而拜。其大会聚视国事，皆以东为尊，四门楼屋皆东向”。华严寺是辽代重要寺庙，其方位建制决不会违背契丹的国俗，是辽朝崇拜方向与佛寺建筑相结合的产物。

上寺大雄宝殿及局部

现存上寺以大雄宝殿为主，寺内分为前后两院，山门和两侧的配房都是明清重建，唯有大雄宝殿为辽金遗构。大雄宝殿建在高达 4 米的台基上，前设月台、石级和勾栏，仍保持着辽金建筑的传统做法。大殿面阔 9 间，53.7 米，进深 5 间，27.5 米，总面积 1476.75 平方米，是中国现存最大的辽金佛教殿堂。大殿的屋顶采用单檐庑殿顶，举折平缓，殿顶正脊两端的琉璃鸱吻高达 4.5 米，北端的鸱吻与大殿同为金代遗物，南吻为明代配制，亦为国内古代建筑中最大的琉璃鸱吻。屋顶的筒瓦长约 0.8 米，重达 27 公斤。大殿檐下四面柱头上以古朴雄浑的斗拱承托着深远翼出的屋檐，殿周檐出 3.6 米，檐高 9.5 米。转角处角梁平伸，起翘微小。整体建筑气势磅礴，巍峨壮观。

大殿的前檐当心间与左右稍间设有壶门，是中国古建筑中保存壶门形制最早的实例。当心间上方悬有匾额两块。一为“大雄宝殿”，明代宣德二年

（1427）立；一为“调御丈夫”，明万历四年（1576）所立。“大雄”是释迦牟尼的德号，其义是佛有大力，能降服四魔，故名大雄。“调御丈夫”是释迦牟尼的十大称号之一，是赞颂释迦牟尼具大丈夫力用，时以柔软语，时以苦切语，调御一切可御之丈夫，使他们发心修道，故谓“调御丈夫”。

上华严寺大雄宝殿立面图

上华严寺大雄宝殿平面图

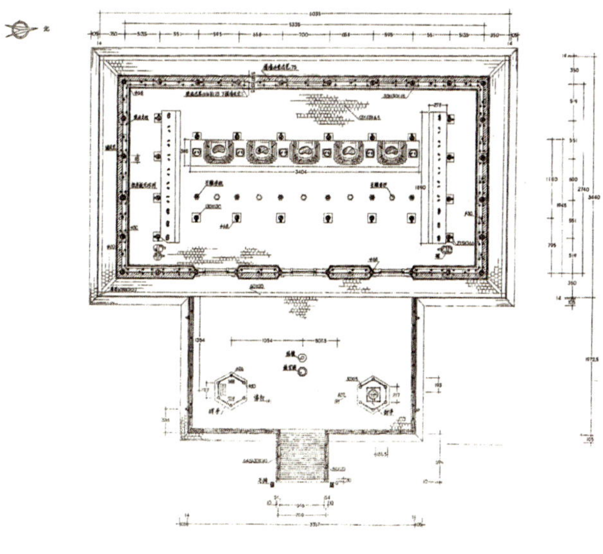

大雄宝殿琉璃鸱吻

大雄宝殿翼角斗拱

前檐壶门

大殿的结构手法与辽代清宁二年（1056）建造的应县木塔极其相似，很容易被认为是辽代原物。1953年冬，中央文化部社会文化事业管理局组织北京文物整理委员会在现场详细勘察时，在梁架中发现“天眷三年”的题字，从而证明了这座宏伟大殿建于1140年，为中国建筑史上的一项重大发现，也证明了金代重建时依据了辽代的原结构。大殿的内外檐共用了不同形制的10种斗拱，外檐有柱头铺作、补间铺作和转角铺作等5种，尤其是斜拱的运用更为成熟，当心间补间用的60度斜拱，左右稍间的补间铺作都用45度斜拱，在结构的运用上十分富有变化。

殿内平棊图案

大殿的梁架原为彻上露明造，现有的平棊（天花板）是明代增补的。因为在金代重建时，梁架的构件是露明的，所以大殿所用的构件，形体规整，加工精细，一丝不苟。为扩大信徒礼佛的空间，大殿在梁架结构上采用了减柱法，殿中间 7 间共减去金柱 12 根，仅留的 2 根金柱向内移动一椽，是宋《营造法式》中记载的“十架椽屋前后三椽乳栿用四柱”的典型做法。这种金柱与间架的组合方式，前后平衡，左右对称，柱子和梁架负荷平衡。既能合理承重，扩大安置佛像和礼佛的空间，又能有效地节省大量的建筑材料，对于研究古代匠师如何巧妙运用结构力学具有重要的价值。

大雄宝殿五方佛（明代泥塑）

接引佛

明宣德四年至景泰五年（1429—1454）补装的天花板，清光绪初年又重新进行了彩绘，共有973块，构图有龙、凤、仙鹤、花草、梵文等各种图案，色彩浓郁，五彩斑斓，构图复杂，富于变化，与大殿内金身彩塑和巨幅壁画交相辉映，使大殿显得更为富丽堂皇，充满宗教的神秘感。

大殿内设有宽大的佛坛，佛坛中央设有5尊主佛，又称五方五佛、五智如来，佛像按密宗的五方五佛排列，表示佛法无边、无处不在的宗教含义。由北向南，分别为东方阿閦佛、南方宝生佛、中央毗卢遮那佛、西方阿弥陀佛和北方不空成就佛。5尊佛像，都著通肩袈裟。结跏趺坐

在仰覆莲台须弥座上，座上雕饰有盘龙、花卉和图案。

中间 3 尊为木雕像，是明宣德二年（1427）了然和尚在北京募制，安放于殿内，两侧的泥塑及胁侍菩萨和两侧壁前排列的二十诸天像都是寺僧资宝和尚在明成化元年（1465）补塑的。5 尊佛面形扁平，眉长而垂，口含笑意，慈祥而尊严。佛像的背后都设有高大的背光，图案分作 3 层，内层设有绽放的莲花，莲花又分作写实和图案两种，中层作如意云环，外层饰以火焰，细密而精致。胁侍立于佛前的莲台小座上，卷发披肩，颈配项圈，头戴簪冠，肩披飘带，下裳中衣长垂曳地，神情虔恭而不失威严。立于五方佛前的一尊立像（接引佛），身形壮硕，神态安详，面向殿门，是一尊西方接引佛，是专司对前来拜谒佛祖的信众接见引进、接引众生到西天极乐世界的佛。两侧壁前的二十诸天，每面 10 尊，每尊身高 2.8 米，姿态各异，表现了天王威武护法的力量。为了使塑造的天王像更具威严，每尊彩塑的身躯都向前倾 15 度，既表现了诸天对佛的虔诚和崇敬，又显示了诸天的威严和气度，别具一格，在别的寺庙中极为少见。

二十四诸天彩塑

大殿内四壁无窗，光线幽暗。为营造宽容平和的宗教气氛，大殿的四壁上绘有巨幅壁画。画面高 6.4 米，总长 136 米，总面积 886.97 平方米，画中绘有人物 1800 多尊。在一座殿堂中，除门窗外，全部布满壁画，置身其间，如同进入佛国的画廊，具有震撼人心的艺术效果。从壁画的题材、人物服饰和风格看，壁画应为明代作品。壁画中所留题记为清光绪四年（1878）当地画工董安依原稿重绘。壁画的主要内容为佛说法图、佛本行经变及各类佛、菩萨像，并用连环画的形式，将佛教创始人释迦牟尼的一生经历，引人入胜地展示出来，保存了纯净的佛教内容。壁画的北壁、南壁和西壁共用 9 幅的篇幅描绘佛说《华严经》的“七处九会图。”七处九会是释迦牟尼成道后第三个七天，在菩提场中、普光明殿、忉利天宫、夜摩天、兜率天、他化自在天、逝多林重阁讲堂 7 个地方讲经说法 9 次，是佛教中较为常见的题材。正面西墙上绘制的是善财童子五十三参图，表现了善财童子 53 次求师拜学的经历。用释迦牟尼初转法轮、长罗汉、禅宗祖嗣传宗接代图、观音菩萨等不同的画面，将广博佛教教义和佛的传奇一生高度结合，取得了极高的艺术效果。

大雄宝殿的建筑、雕塑、壁画荟萃一堂，成为金代寺庙的精华。

禅宗传灯图壁画

上华严寺壁画局部

薄伽教藏殿立面

薄伽教藏——大同下华严寺

大同华严寺的创建在历史上有三种说法：一为北魏创建，清初茅世膺在《重修上华严寺碑记》中记载：唐贞观重修碑犹存，疑寺院创自北魏拓跋氏。二为唐代创建，明成化元年（1465）《重修大华严禅寺感应碑》记载“寺创自李唐”。明万历九年（1581）《上华严寺重修碑记》明确记载是“唐尉迟敬德增修”。第三种说法源自辽清宁八年（1062）“建华严寺，奉安诸帝石像铜像”。但寺内现存的薄伽教藏殿内梁架上有“重熙八年（1038）”的题记，是寺内现存最早的建筑，则清宁八年创建之说也成疑问。寺究竟创建于什么时代，也许永远是个谜。

薄伽教藏殿是下寺的主殿。寺院由前后两进院落组成，前院建有南北配殿和山门，后院也建有砖雕山门、石经幢、月台和配殿，布局较为特殊。主殿建在高达 3 米的巨大台基上，平面呈凸字形。殿前月台青砖铺砌，建有 20 级台阶，石级的上方为木制牌楼和钟楼，均为明清时期增建。

薄伽教藏殿侧立面

薄伽教藏殿是辽代时华严寺的藏经殿。薄伽是梵语薄伽梵（BHAGAVAT）的略称。薄伽梵汉语译作世尊，是佛的十个称号之一。薄伽教就是佛教，薄伽教藏殿，即佛教藏经的殿堂。据史籍记载，辽代中叶以来，寺内佛经都典藏在这里，殿内并设有38间经厨，称为壁藏，与大殿与殿内的辽代彩塑，均为珍贵的辽代遗物。

藻井及彩画

薄伽教藏殿为辽代原构，梁架结构都完整地保持着辽代的规制，是辽代木结构建筑的代表性实物。大殿面阔5间25.65米，进深4间18.41米，单檐歇山式顶，屋顶每端各有一个高3米的琉璃鸱吻，更增添了殿宇雄浑的气势。大殿的屋顶坡度平缓，出檐深远，檐下柱头从明间向两侧依次生起，逐次

加高，使大殿的 4 个翼角飞扬，檐口呈现出和缓优美的曲线。

大殿的大木结构依据其殿内藏经的实用功能的需要，采用了减柱造法。殿内当心间置平柱两根，次间另施分心柱以分承屋顶荷载，既解决了殿堂中央设佛坛礼佛、置放经厨的需要，又使整个构架受力均衡，衔接严密。

大殿式样古朴，手法洗练，尚存唐、五代建筑简朴、浑厚的手法。殿内外共使用形式不同的 8 种斗拱，为防翼角下沉，还在殿角使用了抹角拱，用以承担檐角的荷重，这种做法在唐宋建筑实物和文献记载中都没有实例，类似的做法只有天津蓟县辽代独乐寺观音阁上层的转角铺作，可知这是辽代特有的一种做法。

大殿的内外檐柱同高,梁架中使用了草栿和明栿两套梁架，明栿做成月梁式，制作规整，草栿因隐于平棊之上，故制作粗糙。这种做法与五台唐代佛光寺东大殿的做法类似，由此可证明辽代的建筑是直接继承了唐代的衣钵。两套梁架之间的平棊和斗八藻井还是辽代的原物，内槽平棊和藻井背板上所绘的宝相花以及斗拱上所绘的篳纹和三角柿蒂纹饰，特别是网目纹、飞天等图案，都与宋代的《营造法式》的规定相符，是十分珍贵的辽代彩画。

平棊彩画

大殿内围绕两山墙及后檐墙列有重楼式壁藏，共38间，壁藏分上下两层，下层是经橱，用于典藏佛经，经橱上现藏明清时期的佛经18000多册，上置佛龛。佛龛的梁枋、斗拱、屋顶、鸱吻、平座、勾栏都是依照建筑实物的比例缩制而成，是国内罕见的十分精美的小木作，对于研究辽代木结构技术成就具有重要的价值。壁藏在后檐的跨空处以悬桥相连，桥上建有天宫楼阁5间。壁藏上下两层共使用斗拱17种，其中柱头斗拱双抄双下昂七铺作，是目前已知辽代斗拱中最复杂的一种。勾栏图案多达37种，全部用镂空雕刻，玲珑剔透，变化繁多，达到了很高的装饰艺术水平。壁藏采用重楼式构造，将经橱

华严寺壁藏及天宫楼阁

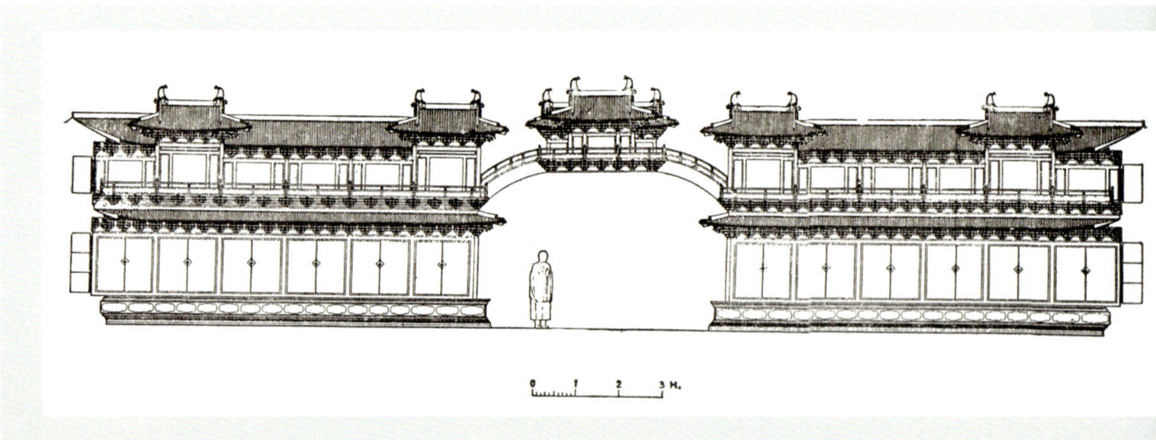

藏经橱

壁藏局部

下寺辽塑

和佛龛结合在一体，外观采用了建筑的造型，这种高度的艺术创造，是中国现存木作实物中所仅见的。1933 年，我国著名的建筑学家梁思成先生到华严寺勘察时，称这座壁藏为“海内之孤品”。

大殿内的中央设有平面呈倒“凹”字形的佛坛，坛高 0.7 米，约是大殿总面积的一半，佛坛的形制与五台山佛光寺东大殿内佛坛极为相似，坛上布有辽代彩塑 29 尊，佛像全部着色，面部和头部花冠贴有金箔，由于近千年的香火熏染，佛像的面部及身体均已渐变成古铜色，更增添了古朴的韵味。据金大定二年（1162）碑文记载，这组佛像是以“三世（过去、现在、未来）诸佛、十方菩萨、声闻、罗汉、一切圣贤”为题材的佛教群像。31 尊（后补塑像 2 尊）分为三组，呈“品”字形排列，与唐代佛光寺东大殿 5 组塑像呈一字形排列展示的效果相比更具有深度感。全堂彩塑排列有序，主次分明，浑然一体，营造出浓郁的宗教氛围。

佛坛的中央以三世佛为中心，各布置一组塑像。中间是现在佛释迦牟尼，左侧为过去佛燃灯古佛，右侧则为未来佛下生弥勒佛，释迦牟尼

胁侍菩萨

和燃灯古佛旁均有弟子侍立，未来佛左右未立弟子。佛像穿着通肩袈裟，内著覆膊衣，宽袍大袖，慈眉善目，嘴唇微启，似在讲经说法。每尊佛像后都设有巨大的背光，绘有流动感极强的网目纹，是辽代典型的图案，背光外侧饰有燃动着的螺旋火焰纹，线条简洁而富有动感。释迦牟尼佛背光的上方，有飞天乘云而降，轻盈而生动。三尊主像的前方是端坐的四大菩萨，由北向南分别是大悲观世音菩萨、大智文殊菩萨、大行普贤菩萨和大愿地藏菩萨。四尊菩萨头戴花冠，耳佩圆环，披巾绕体舒卷，胸饰腰结，各具变化。侍立于佛旁的弟子，拱手而立，神态谦恭，忠诚虔敬的心态惟妙惟肖。

这堂彩塑最值得称道的是侍立于佛前的胁侍菩萨。

下寺天王像

胁侍就是立于佛两胁的菩萨，侍佛左右，辅佛导化众生。诸菩萨神态各异，个性鲜明。北面过去佛右侧的胁侍菩萨，是一个窈窕淑女形象，赤足立于莲台之上，身姿略有倾侧,头戴花冠,面形丰润,表情端庄,双目微微下视，虔诚地聆听着佛的教诲，似乎整个灵魂都进入了佛的虚幻世界。弥勒佛左侧的胁侍菩萨，是一尊合掌露齿菩萨，是华严寺辽塑中最优秀的作品。菩萨上身稍向左转，身姿呈现出优美的动感，赤足立于莲台之上，双手当胸合十，头微侧，目下视，含笑露齿，婉丽含蓄，宝冠、璎珞、长裙、披巾，都塑造得精美华丽。郭沫若 1964 年参观华严寺辽塑时，对这尊合掌露齿彩塑赞不绝口，评价这尊彩塑是国内所有露齿菩萨中的佼佼者，打破了中国古代女性含蓄而笑不露齿的传统，且造型无刻意造作的痕迹，浑然天成。可知辽代匠师雕塑技巧的纯熟潇洒,收放自如。中国著名的历史学家郑振铎先生在参观华严寺辽塑后曾这样赞美这组辽塑：“简直是一个博物馆。这里的佛像，特别是倚立的几尊菩萨像，是那样的美丽。那脸，那眼睛，那耳朵，那双唇，那手指，那赤裸的双脚，那婀娜的细腰，几乎无一处不是最美的制造品，最漂亮的范型。”（《西行书简》）

佛坛上的四角立有四大天王，天王全身甲胄，各执法器。神态形象近于唐代天王。四大天王手执长剑立于佛坛四隅的造型，在山西仅见于华严寺，与现存的日本唐式招提寺和法轮寺如出一辙。

佛宫寺全景

峻极神工——应县佛宫寺木塔

应县佛宫寺释迦塔，是中国现存最古老的纯木结构佛塔。其端庄的造型、精巧的结构，为海内外建筑学家所惊叹。因塔身全部为木结构，俗称为应县木塔。塔创建于辽清宁二年（1056），距今已有900多年的历史。在近千年的岁月中，木塔历经风雨侵袭、地震雷击，在现代战争中塔身又中炮弹200余发，至今基本保存完好，堪称建筑史上的奇迹。

佛宫寺是辽代在山西北部的西京地区建造的巨刹之一，辽代时称为宝宫禅寺。金明昌四年（1193）寺院规模达到极盛，元至正以后改称为佛宫寺。现存建筑除木塔为辽代遗构外，其余均为清代重建。寺院坐北朝南，沿中轴线依次为山门、木塔、大雄宝殿，山门前东西两侧有钟楼、鼓楼。前院建有东西配殿，东配殿内供奉有护法伽蓝，西配殿内塑有达摩祖师，是典型的禅宗寺院配置。塔后为砖砌高台，高 3.3 米，宽 60 米，深 41.6 米，是原大雄宝殿的基址。清同治五年（1866）大殿毁坏后，在大殿的基址上建有大雄宝殿 7 间及东西配殿、方丈院和砖砌门楼，形成一个精巧的小院。寺院的总体布置，以释迦塔为中心，东西对称，保存有佛寺自汉代传入中国后以塔为佛寺中心的传统。站在山门内，高大的木塔占据了人们的全部视线，而大雄宝殿正处于塔后檐下的视角。这种以建筑体量处理空间的设计方法，显然经过了精心的安排。

释迦塔的台基分上下两层，高约 4 米。下层方形，上层八角形，直径 35.47 米，全部用条石垒砌。下层每面都设有月台，上层仅东西南三面设月台，有踏道可转折而上。台基和月台的转角处各安角石一块，上雕石狮，形态各异，风格古朴，仍为辽代创建时的原物。

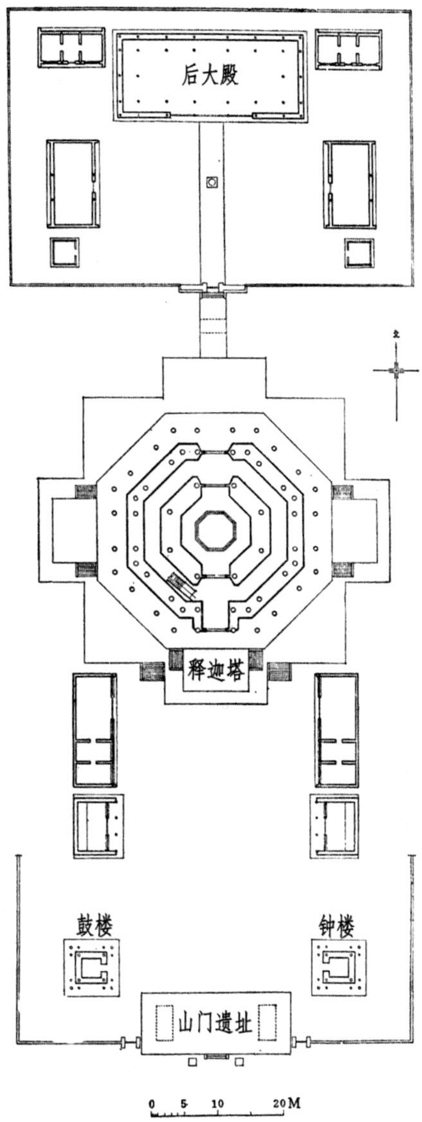

应县木塔平面图

应县木塔塔身

应县木塔分解图

塔身楼阁式，平面八角形，高 9 层，其中有 4 个暗层，底层重檐，四周围廊，外观五层六檐，总高 67.31 米。二层以上，每层设有平座和勾栏，塔顶八角攒尖式，上覆以铁刹，整体造型稳健优美。

塔身的整体构架全部用木材建造。塔身构架的柱网采用内外两排列柱的布局，形成内外槽的构架制度。4 个明层的内槽中心设佛坛，上供佛像，外槽为礼佛的走廊。构架采用逐层立柱的方式，柱间以额枋连贯，纵横间施以梁枋，柱头上使用斗拱，形成 9 个由梁枋、柱额和斗拱组成的八角形套筒式结构框架。框架间用草栿和明栿连接，将柱网连成一个整体，近似现代建筑中的圈梁，形成了极其有效的抗震

释迦塔暗层结构

结构。为了防止框架变形，各暗层的上下柱之间，不采取直接贯通的方式，而是用上层柱脚插入下层柱头斗拱中的“叉柱造”。每层柱子叠接，每层的外柱与下层平座中的层柱位于同一线上，但比下层柱退入半个柱径，每层柱都有侧角，柱头微微向内倾斜，构成塔各层向内收缩的轮廓外观，保留了唐、辽时期木结构的重要特征。

佛塔随佛教传入中国后，与中国固有的高层楼阁式建筑技术相结合，形成中国式佛塔。早期的佛塔大多采用方形平面，结构的稳定主要是依靠塔内中央贯穿上下的中心柱。应县木塔的外形保持楼阁式，但平面采用八角形，使用内外两重列柱的方式，形成双层套筒式的平面和结构，将汉唐以来中心柱扩大为内环柱，不仅扩展了使用面积，而且大大增强了塔身结构的刚度。加之构架中所有的节点都是用榫卯结合，既克服了木材容易变形的特性，也利用了木材柔软，能够在一定程度上恢复原状的性能。所有这些结构功能上的特点，都反映了古代匠师在结构组成、力学平衡和抗震方面所创造的卓越成就，是我国古代建筑的一项成功的范例。

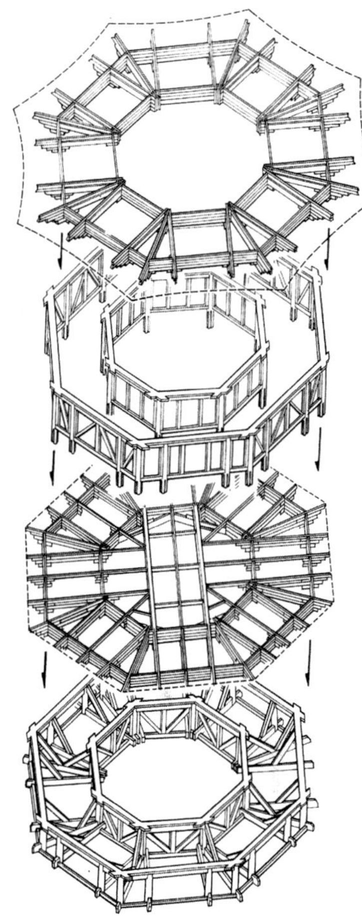

应县木塔结构分解图

底层大佛及藻井

塔的立面也经过精心的设计。第一层的柱高与第二、三、四层各层柱身、斗拱、塔檐、上层平座的四部分的总高相等，从而在立面上构成有规律的韵律。第一层围廊，与上面各层檐取得呼应，增加了全塔立面造型的稳定感。二层以上的屋檐，依照总体轮廓的需要，通过各层檐下斗拱的昂和华拱调节，不但构成外观的优美轮廓，而且使檐下部分变化更为丰富，形成有韵律的乐章和节奏。塔的顶部以攒尖收束，上置砖砌莲瓣刹座两层，座上置铁制仰莲、覆钵、项轮、露盘、仰月和宝珠，刹总高 11.77 米。全塔雄浑大气，表现出古代匠师在建筑结构技术上的高超技艺。

释迦塔的底层供养主尊释迦牟尼佛。佛像上部的内槽天花板上设置有巨大的斗八藻井，八面分别做成小方格、三角形和菱形的平闇格子，并组成不同的花纹，代表了辽代精巧的小木作工艺水平。像高约 11 米，面相丰满，表情慈祥，身着袈裟，左手下垂，右手上举且屈指作环形，是佛教中的说法印，端坐在束腰莲花台上，座下的八角各饰力士一尊，形态各异。二层设有方形坛座，上塑一佛四菩萨，其中侍立菩萨半身披巾，衣

二层一佛四菩萨

四层一佛二菩萨二弟子

纹厚重。三层八角形佛坛，底径6.6米，每面宽2.7米，高0.52米，叠涩束腰间每面作壸门10间，柱上雕有边珠，制作细腻，为辽代小木作佳品。四层亦为方形坛座，上塑一佛二菩萨二弟子。五层仍为方形坛座，中央端坐毗卢佛，四周塑八大菩萨。塔内塑像经后代多次重妆，图案或繁或简，表现出不同时代重妆的痕迹。1974年9月分别在二层佛像内和三层佛座下发现的银盒盛装的七珍和舍利、佛牙等，共92件。其中辽藏12卷、刻经35卷、写经8卷、杂刻杂抄28件，是国内首次发现的辽代佛教珍品，尤其是刻经、写经、木刻版套色、绢质佛画及采药图，题材丰富，年代准确，填补了辽代佛教文物的空白。

木塔的底层保存有辽金时期的大型壁画共304.65平方米。壁画主要分布在佛像两侧的墙壁和南北门道两侧。木塔前后辟有门道，佛像东西两侧的六面墙壁上绘有巨型佛像，像高近8米，并绘菩萨胁侍。佛像结跏趺坐于莲台上，广额丰颐，面相圆润，身着红色袈裟。胁侍菩萨冠饰华丽，手执经卷或莲蕾。前后门道迎风板上绘有供养天人6尊。南侧为女像，衣饰华丽，长带飘拂，侧身而立，双手分别捧有供果、鲜花和珊瑚；北侧为男像，面相

天王像壁画

木塔门楣壁画

俊朗，分别捧有碗盏，造型典雅，其服饰尚存契丹民族的风尚。南北门道的两侧分别绘有四大天王，披盔戴甲，半倚半坐，侧身怒目而视，分别手执兵器，身后饰有火焰形顶光，神态威严。木塔内的辽金壁画结构严谨，笔力纯熟，注重对比与统一，在画风上继承了唐代豪迈典丽的风格，个别作品虽经后人依原作重绘，但仍不失为辽金巨幅壁画的杰作。

塔建成后，古往今来吸引了无数的游人。明朝3位皇帝登塔，留下了墨迹。明永乐四年（1406）明成祖朱棣北征时亲书“峻极神工”，后制成匾额悬于第五层南面。正德三年（1508）明武宗朱厚照登塔后，写下了“天下奇观”4字，悬挂于第四层南面。全塔现存历代牌匾48方，许多木匾还记载有木塔历代修葺的年代，是认识和考证木塔历史的珍贵史料。

世尊善化——大同善化寺

善化寺，俗称南寺，是大同城内的一座千年古刹，也是国内现存规模最完备的辽金佛寺。寺内建筑古朴雄浑，结构精巧，彩塑壁画技艺高超。

善化寺是一座创建于唐代的佛教寺院，唐玄宗时赐额“开元寺”，是唐玄宗在开元二十六年（738）下诏敕建的州郡大寺。五代后晋时，改名为“大普恩寺”。辽末保大二年（1122），辽金发生大规模战事。当时是辽代的陪都西京的大同，先后两次被金兵攻破，大普恩寺也惨遭破坏。大定十六年（1176）《大金西京大普恩寺重修大殿记》碑文记述了当时遭劫后的景况：“大金西都普恩寺，自古号为大兰若。辽末以来

善化寺全景

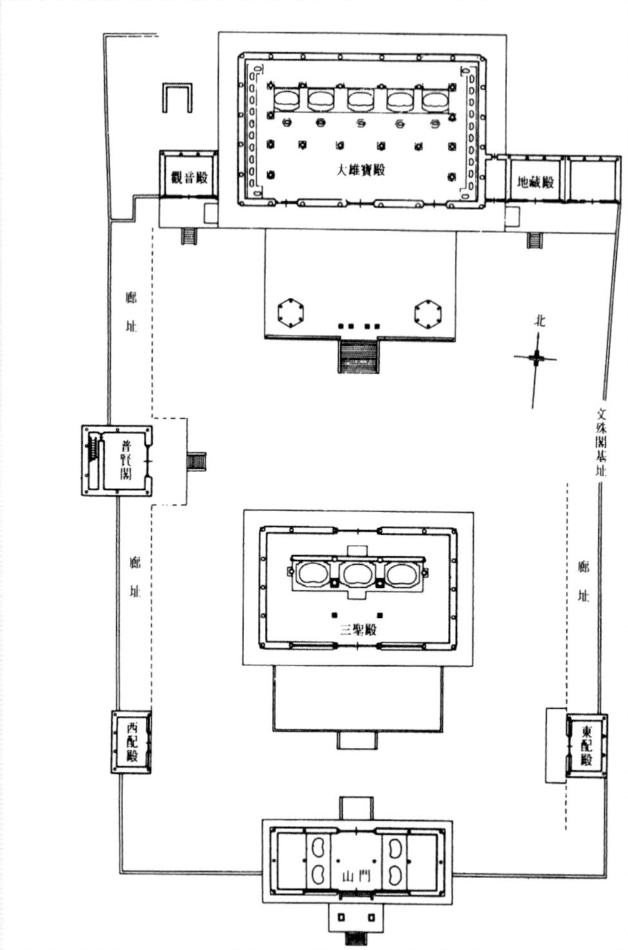

善化寺平面示意图

再罹锋烬，楼阁飞为埃坋，殿堂聚为瓦砾。前日栋宇所仅存者，十不三四。”不久这座名刹又沦为金兵屯营之地，“骄兵悍卒”“掠藏俘获”，寺院几成废墟。金天会六年至皇统三年（1128—1143），寺僧圆满在花甲之年，发誓重修寺院，再塑金身。他与徒弟开坛讲经，惨淡经营了 15 年，先后修复了前殿、大殿、东西垛殿、文殊普贤阁及左右斜廊 80 余间，奠定了今日所见寺院的规模。明正统十年（1445）僧人大用奏请藏经，并被赐额“善化寺”，而且将寺院作为了官吏“习仪之所”，在寺内建了僧纲司，设“都、副纲司一员”，以管理全城僧众。万历四年（1576）寺院再次修缮，历时 5 年。清初的顺治五年（1648），由于明大同总兵姜瓖始降复反，给大同招来“屠城”之祸。善化寺也再次遭到摧残，“台基尽废，廊庑俱颓”，以致沦为“棍徒指为赌局，顽童视为戏地”。清康熙四十七至五十五年（1708—1716）才在寺僧

大雄宝殿立面

源庆的募化下开始了重修，乾隆五年（1740）源庆和他的徒弟再次募化，灌阶起墙，寺院才恢复了原貌，终于使这座辽金遗构得以保存。

善化寺坐北朝南，是一座廊院式布局的寺院，因其布局仍沿袭着唐开元寺、金普恩寺的旧制，主体建筑均采用等级较高的庑殿顶，沿中轴线布置，高低错落，主次分明。前为山门，中为三圣殿，后为大雄宝殿，大雄宝殿的左右分别建有观音殿和地藏殿，大雄宝殿的左右前侧为文殊阁（已毁）和普贤阁，是典型的“伽蓝七堂”古制建筑群。这样规模完整的古建筑群，是研究辽、金建筑的珍贵资料。根据建筑形制、结构，大雄宝殿、普贤阁、三圣殿、山门均为辽、金遗构，具有独特的民族风格，显示了古代劳动人民的智慧和才能，是全国辽金寺院中保存最完整的一座。

大雄宝殿是寺内主殿，坐落在高3.3米的砖砌台基上，四周围以栏杆。前设月台，月台上有六角形钟鼓亭，右前角的钟亭内悬有明天顺五年（1461）铸造的大钟一口。月台中部建有木结构牌坊3间，明万历年间所建。

大雄宝殿始建于辽，金天会六年（1128）至皇统三年（1143）重建，

是辽末战火中唯一未被毁坏的殿堂，主体构架仍为辽代原构。殿堂平面呈长方形，面阔 7 间 40.7 米，进深 5 间 25.5 米，单檐庑殿顶。殿前当心间和两稍间各辟板门一道，四壁无窗，殿内光线幽暗。为扩大殿堂的供佛和礼佛空间，柱网的排列采用了辽金时期盛行的减柱造法，殿堂内部空间宽敞。大殿檐下施用五铺作斗拱，手法简练，式样多达 6 种。殿内梁架彻上露明造，加工精细，结构严密，负载合理，虽历经千年沧桑仍安然无恙。殿内当心间后部装有平棊和斗八藻井，藻井内围列有上下两层斗拱，雕刻精湛，其形制与大殿梁架和斗拱手法相似，亦为辽代遗物。藻井外四角的三角形背板上各绘有凤凰一只，中央圆形背板上描金绘有双龙戏珠图，为明代初绘。此外殿内还保存有清康熙年间绘制的佛教壁画 190 平方米，场面宏大，线条流畅，为清代初期壁画佳作。

大殿内后部设有宽广的佛坛，坛上塑五方佛坐像、弟子及胁侍像 9 尊，均为金代塑造。五方佛自东而西依次为东方阿閦佛、南方宝生佛、中央毗卢遮那佛、西方阿弥陀佛、北方不空成就佛。每尊都是高达 4.45 米的大像。均端坐

于仰覆莲台须弥座上，佛像宽袖，衣褶纹饰细密，除手印外，造型大体一致。毗卢佛前立有伽叶、阿难二尊者。迦叶呈老者形象，神采自得，毫无老态龙钟之样，阿难安静内向，意气风发，颇具儒雅的学者风度，两者一动一静，相得益彰。殿内在东西两壁间，立有护法二十四诸天像，像高3.5~3.8米，每面12尊，呈曲尺形排列。二十四诸天为24尊天王，是佛教中的护法神。他们有的是异教首领，有的是作恶魔王，都是被佛法感化后，成为守护神的。善化寺的这堂金塑，展现的正是佛说法时诸天王恭侍佛侧听法的情景，他们一改往日邪恶面目，呈现出平静怡和的形象，成为善化寺形象化的杰作。诸天衣裙纹饰细密，面形尚具女真色彩。

三圣殿位于寺内中部，就是金碑中记载的前殿，创建于金天会至皇统年间，是金初代表性木结构建筑。殿基高约1

1 | 2 | 3
4 | 5

1 大雄宝殿藻井
2 主像释迦牟尼及弟子
3 大雄宝殿彩塑局部
4 大雄宝殿护法天尊
5 大雄宝殿彩塑

三圣殿立面

朱弁碑

米，前设月台。殿身面阔 5 间 32.5 米，进深 4 间 19.2 米，单檐庑殿顶。殿内不设天花，为彻上露明造做法，殿内梁架采用减柱造法，大殿仅用 4 根金柱，大胆地革新了唐、宋建筑的开间方式，梁架布置和结构比辽代更为灵活，是建筑力学与空间力学发展变化的一大成就。檐周斗拱，除柱头铺作外，各施补间一朵。前后檐两次间的补间斗拱，除正出拱昂外，两侧各加施 45° 斜拱，置正斜耍头 7 枚，庞大的斗拱如同怒放的鲜花。金代斜拱盛行，庞大华丽者以此为最。在建筑艺术传承上，辽代建筑主要继承了唐五代雄浑古朴的风格，宋代建筑的婉丽柔和，金代建筑的趋于华丽，三圣殿的建筑结构和装饰中融合了三者的特点。

三圣殿内置有巨大的佛坛，坛上主像为释迦牟尼佛。两侧立有文殊菩萨和普贤菩萨。这三尊像为华严宗供奉

三圣殿前檐斜拱

的“华严三圣”，故大殿亦名三圣殿。佛前立有二胁侍，佛坛后塑韦驮天王，手法细腻，均为明代作品。殿内保存有金代和明清庙碑 4 通，其中金碑即著名的《大金西京大普恩寺重修大殿记》，通高 4.45 米，宽 1.28 米，俗称朱弁碑。朱弁是南宋大儒朱熹的叔父，建炎元年（1127）在赵宋王朝危急存亡之际，主动领命以宋通问副使的身份，来到金国的西京云州（大同），被羁留于西京 17 年，其间多次拒绝金政权的利诱，设馆教书，对中原文化的传播和民族的交流做出了贡献。他寄居善化寺 14 年，目睹了寺院毁建的全过程，并与寺僧结下了深厚的友谊，寺院竣工时，受邀撰写了碑文，忠实地记述了寺院重修的始末，是研究寺史沿革的重要历史文献。

三圣殿彩塑

普贤阁

普贤阁位于大雄宝殿前右侧，原为供奉普贤菩萨所建，原与之相对而立的文殊阁已毁，遗基尚存。阁面宽 3 间，进深 3 间，二层单檐歇山顶。阁内底层有木楼梯可攀至上层。阁身一层四周出檐，上置平座，周设木制勾栏。平座中设有暗层，细部结构与建造于辽清宁二年（1056）的应县木塔有许多相似之处，保存了许多辽代的特征。1954 年落架重修时，在梁架的榫卯处发现有“贞元二年（1154）一行造”题记，证明阁不是金初的圆满和尚所建，而是后来的一行和尚重建。

山门，也称天王殿，金碑中称为大门。是与大雄宝殿和三圣殿同时建成的金代原构。面阔 5 间，进深 2 间，单檐庑殿顶。门前建有月台、踏道，左右雄踞石狮一对。殿内设有中柱一列，前后檐当心间设板门，前檐两次间设直棂窗。其构架和气度是中国现有金代山门的典范。殿内两次间有明代塑造的四大天王。四大天王又称护国四王、护世四天王，佛教中传说这四尊天王住在须弥山腰，各守天下，护持恶鬼神不得侵犯众生，故寺院的山门中常塑有四大天王。四大天王头戴化佛宝冠，分别手执琵琶、宝剑、长蛇和宝塔，手中法物象征着风调雨顺，寄托当时百姓希望五谷丰登的美好愿望。

山门内匾额

善化寺山门

觉山寺全貌

北魏名刹 ——灵丘觉山寺

觉山寺坐落于灵丘县城东南14公里的觉山中。觉山山势蜿蜒起伏，重峦叠嶂。寺院依山而建，坐北朝南，南北长58米，东西宽104米，占地面积6032平方米。寺院经历代维修，现存建筑除砖塔为辽代建筑外，其余均为清代重建。寺院的布局分三条轴线，每路建筑又由三进院落组成。中轴线上依次为山门、钟鼓楼、天王殿、韦驮殿、大雄宝殿；东轴线为魁星阁、碑亭、梆点楼、金刚殿、弥勒殿；西轴线为文昌阁、砖塔、藏经楼、罗汉殿、贵真殿。寺院中崇楼杰阁，高低错落，布局紧凑，条理清晰，为清代佛寺中的佳作。

觉山寺寺史悠久，据《灵丘县志》记载，北魏太和七年（483）孝文帝巡游觉山，见山势奇伟，为报答当年崇佛母亲的养育之恩，于是在风景如画的觉山之阳建寺一所，赐名觉山寺。当时招四方禅衲500余人，栖息于寺，又敕六宫侍女，在寺中长年斋戒，其中精通内典者，还令其出家为尼，所需资费，均由皇宫供给，当时的觉山是一座相当兴盛的皇家道场。隋唐时期，觉山寺也遭受到了“会昌灭法”和“周武法难”两次灭佛，寺宇毁坏，僧尼流散，寺况日益凋敝。辽大安五年（1089）“镇国大王”打猎至此，见寺院断壁残垣，僧尼穷困潦倒，于是奏请辽道宗敕修寺宇，赐钱十余万缗，重修了寺院，创建了舍利砖塔，全部工程于3年后告竣。明天启六年（1626）灵丘一带发生大地震，觉山寺中除辽代砖塔外，几乎全部被毁。现存寺院均为清代重建，基本上还保持着北魏创建时的格局。

觉山寺的辽代砖塔是一座专为安置佛宝的舍利塔，在塔上第八层北侧砖匾上有“大安六年善人……施至”的题记，为建塔的确切记载。塔身分为13层。一层塔身平面呈八边形，角上设圆倚柱，内部结构为塔心柱式。底边边长为3.80米。东、西两面为砖雕格扇假门，南北两扇为板门，但已非辽代原物，为后人修补。其余4面均为砖雕假直棂窗。塔身一层内设有八角形塔室，中设八角形塔心柱，支撑着二至

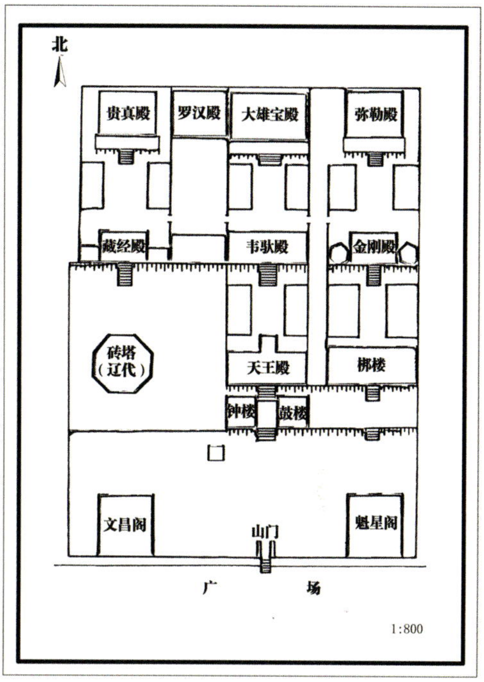

觉山寺平面图

觉山寺塔

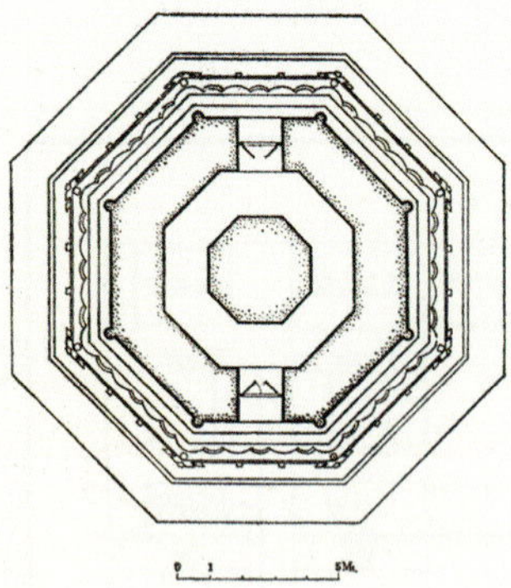

觉山寺塔平面图

塔局部

十三层的密檐实心塔身，在结构上对全塔的稳定起着十分重要的作用。塔建成后历经元、明、清时期的多次大地震，至今安然无恙。二层以上塔身均为实心，密檐高均为 28 厘米。每层塔身密檐逐层递减，各层间每面皆置斗拱承其塔檐，整体轮廓线具有缓和的卷杀，取得了优美刚健的效果。塔顶攒尖式，上置相轮七层、圆光、宝盖、仰月、宝珠组成的铁刹。

辽金密檐式塔最大的特点是将最华美的雕刻都

塔座局部 1

塔座砖雕细部

塔座局部 2

觉山寺塔座

集中在塔的基座上，以供信徒礼拜。觉山寺塔基底边边长 6.20 米，由须弥座、平座、仰莲三部分组成。须弥座平面呈八角形，总高 3.58 米，平座位于须弥座之上，平面亦为八边形，总高为 1.27 米，仰莲位于平座之上，总高 1.43 米。塔基上各种雕刻十分精致，除斗拱、枋等仿木结构建筑形制外，雕刻主要集中在下层座的束腰、中层平座的蜀柱和间壁以及上层的勾栏华板上。雕饰的主要题材有狮子、力士、伎乐天女、兽面、花卉、几何纹、卍字纹等，皆采用剔地突起或圆雕手法雕刻而成，造型丰满，刀法流畅洗练，虽为辽制，尚袭唐风。在承托平座的蜀柱柱身间雕有盘龙，阑额上雕有行龙，说明这种装饰手法在辽代时已流行，与北宋晋祠圣母殿木柱盘龙有异曲同工之妙。简朴的塔身和精美的塔座构成繁简对比的构图，取得了优美的艺术效果。

一层塔心室内外八面墙壁均有辽代壁画，现残存面积 62 平方米，内容为菩萨、飞天等像。除门拱等少部分经后人重妆外，大部分仍为辽代作品，其面形、衣饰、手法沿袭唐画风格。

觉山寺塔中的壁画，绘制于塔内壁和八角中心柱各个墙面。内壁每面的壁画高 3 米，宽 2.4 米，中心柱每面高 3 米，宽 1.4 米，除明清补绘的壁画外，现存辽代的壁画 67 平方米，均为建塔时的作品。中心柱前后绘有佛像，佛像背光为典型的辽代网目纹装饰，柱两侧绘有护法金刚和四大天王。据佛教经典记载，欲界六天之最下天，在须弥山半腹之四方，有天王四人，谓之四天王：东曰持国天王，南曰增长天王，西曰广目天王，北曰多闻天王。画面中四天王像头戴王冠，身着铠甲，足蹬云靴，手持戈、戟、剑、伞等法器，形体魁梧雄健；两尊金刚，呈愤怒状，身形劲健，肌肉凸突，手执法器，形态十分威猛。

塔的内壁除前后门洞外，其余 6 面墙均绘有密宗所供奉的明王像。密宗是中国佛教的一个流派，在唐代时十分流行。辽继承了唐代佛教的传统，在辽道宗朝密宗是仅次于华严的一个宗派，在当时相当流行。辽代密教学的代表人物有燕京圆福寺总秘大师觉苑和五台山金河寺沙门道㲀，因此在佛塔中供奉密宗的明王像也是顺理

觉山寺塔壁画

成章的。明王是佛教密宗中佛和菩萨的一种变化身，是为教化众生特别是贪愚者而显化的愤怒威猛相的尊神。明王的“明”有光明之义，以佛菩萨的智慧光明，摧毁众生的烦恼业障，故称为明王，实际上明王就是佛或菩萨的变化身。根据其不同的作用，又分为五大明王和八大明王。觉山寺塔中的这6尊明王均作愤怒相，赤足，六臂，手执法器，横眉怒目。各尊明王的两侧及身后又分别有天王、神将、力士、飞天等。塔前后室的门洞两侧，分别绘有文殊、普贤、观音、地藏四尊，菩萨头戴花冠，胸饰璎珞，身着帔帛，飘带飞舞，面形秀丽，风姿绰约，与愤怒的明王和金刚造型形

觉山寺塔壁画 飞天

成了鲜明的对比，取得了震撼人心的艺术效果。

辽代壁画存世极少，除墓室壁画外，应县木塔辽代壁画和觉山寺舍利塔辽代壁画为国内仅存的辽代寺观壁画，画面构图严谨，线条刚劲有力，是辽代在吸收汉文化基础上的新创造，为研究辽代绘画提供了极其可贵的资料。

觉山寺院

觉山寺塔

【第五章 走向世俗】

经过了五代短暂的纷争，宋朝登上了中国的历史舞台。这个以汉族为主体的王朝对内中央集权、重文轻武，对外采取和亲纳币的妥协政策。宋朝的经济在唐朝的基础继续发展，城市经济发达，手工业分工细化，生产工具更为进步，商业的繁荣推动了整个社会前进。受精神领域的影响，宗教艺术日渐世俗化、大众化，许多神佛走下神坛，以平易近人的形象走入了人民的生活中，迎合了大众的信仰需求。宋代建筑没有了唐代建筑雄浑的气势，体量较小，精致细腻，富有变化和灵性，呈现出细致柔丽的风格。建筑结构在宋代也有了很大的变化，突出表现为斗拱的承重作用大大减弱，且拱高与柱高之比越来越小。原来在结构上起重要作用的昂，有些已被斜栿代替，补间铺作的朵数增多，建筑组群的形体组合则富有变化，可认为是柔和化的唐代建筑，体制较小，趋于秀丽俊挺，柔美典雅，影响了元、明、清的发展，具有承前启后的地位。山西保存有近百座宋代建筑，形式风格多样，尤其宋代早期的建筑，保存着唐五代建筑的遗风，具有极高的艺术价值。

晋水圣母——太原晋祠

晋祠位于山西省省会太原市西南25公里悬瓮山下，是晋水的发源地。晋祠始建于北魏，是为纪念周武王之子唐叔虞而建的祠庙。这里殿宇辉煌，清泉围绕，古木参天，是中国著名的游览胜地，也是国内少有的大型祠堂式古典园林。

山西是春秋时期晋侯的领地，为祭祀晋侯的始祖唐叔虞而在这里建造的祠堂称为晋祠。在古代宗法制度盛行的时代，祠是宗族祭祀祖先的地方，称为“祠堂”或“影堂”。但是晋祠作为祭祀晋国先祖的庙堂，在经历了岁月沧桑的变迁后，演变成群仙荟萃之地，祠内所供从玉皇大帝、太上老君、东岳大帝、释迦牟尼，到土地神祇、关帝圣君乃至文曲星君、公输鲁班等，众神共同在此享受着人间的烟火，在国内的祠庙中也属仅有，是华夏古老文化中的一颗璀璨明珠。

晋祠唐叔虞像

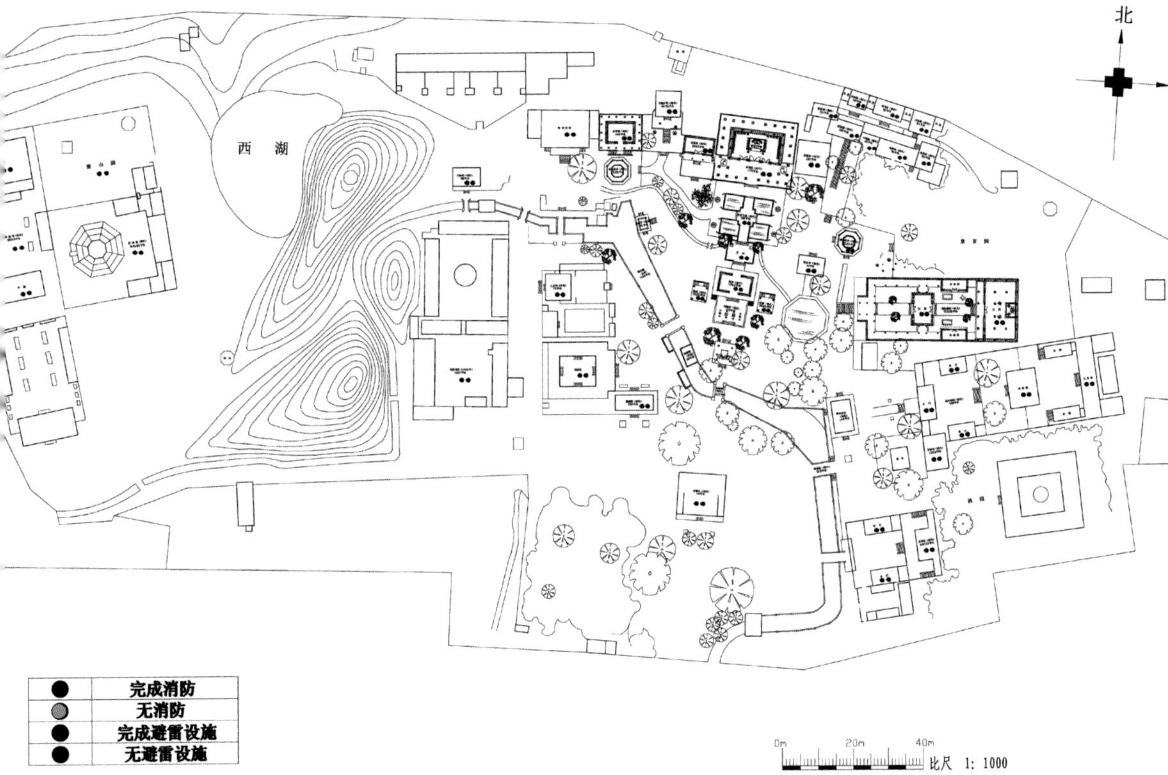

晋祠总平面图

虞是成王的胞弟，古代称弟为叔，所以后人称为叔虞。叔虞来到唐国后，施政有方，积极兴修水利，发展农业生产，为晋国“风调雨顺，国泰民安”奠定了基础。叔虞死后，他的儿子燮继位，以境内有晋水，改国号为晋，开始了晋国的历史。后人为纪念叔虞的功绩，在晋水源头创建祠庙祀奉他，这就是晋祠的前身“唐叔虞祠”。叔虞作为晋国的首任诸侯，被誉为晋王，故唐叔虞祠也称晋王祠，简称晋祠。

据北魏地理学家郦道元《水经注》记载，当时晋祠“际山枕水……水侧有凉堂，结飞梁于水上，左右杂树交荫，希见曦景”。可见，在北魏时晋祠已是著名的游览胜地。北齐时期，宣帝高洋将晋阳（今晋源）定为别都，于天保年间（550—559）在晋祠“大起楼观，穿筑祠堂”，进行了扩建。北齐后主高纬，崇敬佛教，在天统五年（569）下诏改晋

圣母殿立面

圣母殿前檐

祠为大崇皇寺。唐贞观二十年（646）太宗李世民再次来到晋祠，撰写了著名的《晋祠之铭并序》。五代后晋天福六年（941）高祖石敬瑭追封唐叔虞为兴安王，晋祠改为兴安王庙。北宋太平兴国四年（979），宋太宗在灭掉占据晋阳城的北汉政权后，毁灭了千年古城晋阳，为平息当地人民对北宋残暴行为的憎恨，在晋祠大兴土木，进行大规模改建和扩建，并仿照唐太宗立《晋祠之铭并序》在晋祠立了一通《太平兴国》碑，人民痛恨北宋毁灭晋阳城的行径，碑被游人刮削，竟成无字碑。北宋天圣年间（1023—1031），仁宗追封唐叔虞为汾东王，并将祠内正殿改祀叔虞的母亲邑姜，更其额为“圣母殿”，熙宁年间又加号为“显灵昭济圣母”，庙名改称惠远祠，将庙的性质改为了祭祀水神。直到明嘉靖四十二年（1563）在圣母殿南侧建造水母楼，庙名才恢复为晋祠，但此时庙内已不仅是供奉晋国叔虞的祠堂，而成群仙荟萃的宗教场所，原有的纪念性祠庙性质已不复存在。

宋代铁人

圣母殿建成后，祠内布局较前有了很大的改观。圣母殿后来居上，成了祠内主体建筑，其规模之大，冠于全祠。殿前还重修了鱼沼飞梁、金人台、水镜台，形成以圣母殿为主体的建筑群。而最早建造的唐叔虞祠，却移置于圣母殿的北侧。金代增建了献殿，元、明、清时期又在轴线两侧增加景清门、朝阳洞、三台阁、关帝庙、昊天祠、东岳殿、文昌宫、三圣祠、吕祖阁等，形成以圣母殿为主体，散点布置各式建筑的名胜风景区。祠内古树参天、山清水秀，数百间殿、堂、楼、阁、亭、台、榭、桥，林立其间，交相辉映。祠内的布局既有庙堂的森严，又有皇苑的敞朗，建筑空间与自然景色和谐地融为一体，错落有致，别具一格。

宋代铁人铭文

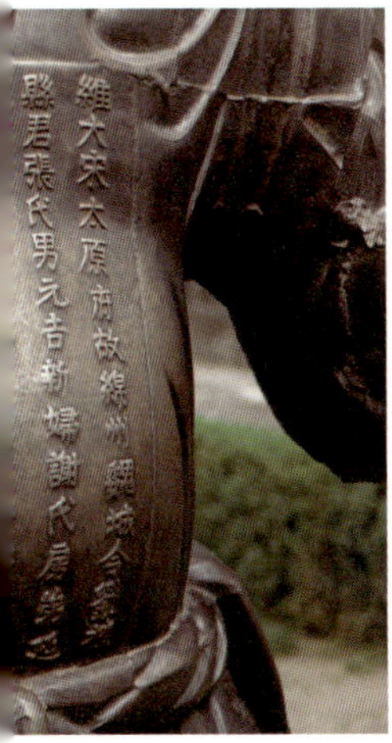

金人台，古称莲花台，因台上四角各立铁人一尊，也称铁太尉。据《太原县志》记载，晋祠位于晋水源头，故镇以金神，以绝水患。铁人每尊高约 2 米，以西南隅的一尊最佳，形体健美，威武雄壮，铁人胸前有“北宋绍圣四年（1097）铸”铭文，西北隅铁人铸于绍圣五年（1098），东南隅铁人铸于元祐四年（1089），头部均为后代补铸。铁人历经 800 多年岁月风霜，迄今闪闪发光，明亮不锈。

献殿是金大定八年（1168）为祭祀圣母而建的享堂，故称献殿。面阔 3 间，进深 2 间，单檐歇山顶，琉璃雕花脊。柱头施有五铺作斗拱，单抄单下昂，出檐深远。梁架彻上露明造，构件加工精细，在制造上尚沿袭着宋代建筑轻盈明快的风格。殿前后檐明间通敞，四周筑以厚重的矮墙，墙上安设直棂栏杆，外观上酷似一座凉亭，但结构轻巧稳固，是晋祠三大国宝建筑之一。

献殿全景

飞梁结构

献殿与圣母殿之间，架设有一座十字形石桥，名“鱼沼飞梁”，是晋祠的又一座国宝建筑。鱼沼是古人对池塘的命名，沼上架桥称飞梁。飞梁建于北魏之前，现存为宋代遗物，与圣母殿同时建造。沼中立小八角石柱 34 根，宝装莲花柱础，柱头上用普拍枋相互联系，上置斗拱、梁枋承托桥面。桥面东西宽广平坦，连接献殿与圣母殿，南北两翼下斜至两岸，平面呈十字形，中央微微扬起。桥面上铺以露砖，桥栏上设勾栏。形制和构造十分特殊，在古代的绘画中曾有过这样的式样，现存实物则仅此一例，在我国桥梁史上占有重要地位。

鱼沼飞梁

圣母殿正立面

圣母殿线图

雄伟壮丽的圣母殿是祠内最古老的建筑，也是我国宋代建筑的代表作。大殿面阔 7 间，进深 6 间，重檐歇山顶，黄绿琉璃瓦剪边，四周围廊，这是宋《营造法式》中所记载的“副阶周匝”形式的实例。所不同的是前廊深达二间，而殿内无柱，用前廊乳栿上的童柱、前槽柱和檐柱与殿内长达三间的长栿（六椽栿）承载殿顶荷重。殿内不设平棊，采用彻上露明造，使殿内形成完整而高敞的空间，为安设神龛、塑像创造了条件。前檐廊柱上雕有 8 条木质盘龙，是宋元祐二年（1087）太原府吕吉等人捐资雕造，是中国古代建筑中施用龙柱最早的实例。殿身四周的檐柱柱头微微向内倾斜，形成“侧脚”，檐柱从平柱头起两侧渐次增高，形成“生起”，使殿宇的檐口产生了圆弧的曲线，柔美之中富有弹性，展现了典型的北宋风格，是我国建筑艺术从唐至宋过渡时期的一个重要环节，是研究宋代建筑和建筑史的重要实物资料。

圣母殿的前廊下各塑高约 4 米，威猛高大的武士像一尊，左尊方弼，右尊方相，又称站殿将军，原为周武王的护驾武士，因殿内供的圣母是武王的夫人，故将 2 尊武士塑于殿前，守卫着晋国的祠庙。左侧的一尊为宋代原作，右侧一尊补塑于 1950 年。殿内当心间建有高大的木制神龛，主像圣母端坐于凤椅之上，圣母着帝后装，头戴凤冠，身着霞帔，胸前饰有璎珞，面相端庄雍容，虽经明清重妆，但容貌、衣饰未变，仍为宋塑手法。圣母椅座后保存有宋人元祐二年（1087）制作殿前廊柱上木雕盘龙的题记，可证这些塑像至少在元祐二年前已塑造完成。圣母的两侧塑有 42 尊侍从，其中侍女 33 尊、宦官 5 尊和着男装的女官 4 尊等，身高均 1.6 米左右，年龄介于 15~40 岁之间。全堂彩塑，形态各异，极具个性，形象地反映了宋代宫廷中森严的等级地位、各自不同的处境和思想感情，是宋朝皇室生活在现实生活中的缩影。侍女手中各有所奉，或侍饮食起居，或梳洗清扫。因她们年龄大小和境遇的不同，而表露出不同的形态和情感。有的天真娇羞，有的回头浅笑，有的注目沉思，有的愁眉苦脸。喜怒哀乐，无不在她们身上流露出来。从她们的衣着装束和手执的器物，大致上可以分辨出她们是王宫里的尚室、尚膳、尚宝、尚玺以及歌舞、乐伎。

圣母殿侍女彩塑像

圣母殿圣母像

圣母殿廊下力士

各像比例适度，体态丰丽俊俏，面目清秀圆润，服饰合体得当，将人物的心态从神态上自然地表露出来，充分显示出塑工们高超的艺术水平。北宋王朝国力不及唐代，内忧外患，但城市经济，特别是商业和手工业却很发达。在这种社会环境的影响下，宗教艺术开始走向世俗，题材内容都侧重于现实，民间性大为增强，雕像具有了世俗人物那样的情感和装束。晋祠圣母殿彩塑群像的性质，是作为历史人物祠堂内纪念性的，而非宗教中的佛和神，因此，组像的布局、人物的刻画，都与宗教仪轨相异，风格式样都显示出显著的时代特征。

《晋祠之铭并序》碑保存在"贞观宝翰亭"内，是唐太宗李世民于贞观二十年（646）亲笔撰书。碑身高 1.95 米，宽 1.2 米，方座螭首，碑首天宫内飞白体书"贞观二十年正月二十六日"。李渊、李世民父子起兵太原时曾在晋祠祷告，建立唐朝后到此酬谢叔虞的神恩，铭文歌颂了宗周政治和叔虞在唐的治国方略，宣扬大唐王朝的文治武功。全文 1203 字，行书体，字体结架雄奇，洒脱飘逸，是以行书写碑的先例。

唐太宗《晋祠之铭并序》局部

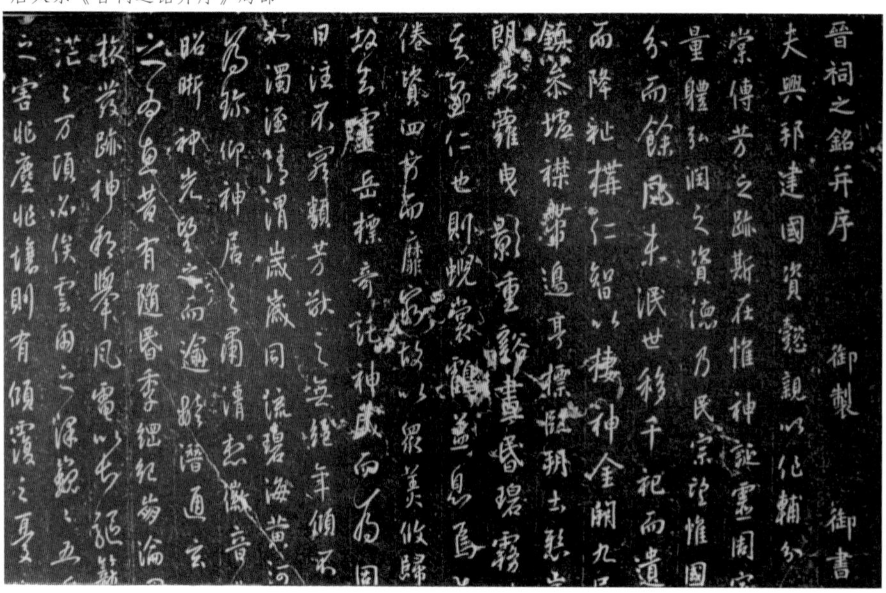

法兴寺全景

慈林圆觉——长子法兴寺

长子县城东南 15 公里峰峦叠嶂的慈林山后麓深藏有一座始建于北朝的古寺——法兴寺。初名慈林寺，也称“慈林禅院”，始建于北魏神瑞元年（414），寺内现在还保存有创建时的石雕像。唐咸亨四年（673）扩建，并建屋宇式石舍利塔一座，上元元年（760）改额“广德寺”，大历八年（773）镌造燃灯石塔一座。 宋代治平元年（1064）改额“法恩寺”，元丰四年间（1081）重建后改称“法兴寺”，相沿至今。寺址原在慈林山顶，由于年久失修，加之近数十年来地下矿产被大量开采，导致地表塌陷，殿宇倾斜，有倒塌的危险，经县、市、省反复勘察论证，最后经中央文物部门批准，将全寺的殿堂、古塔及附属的彩塑文物整体搬迁于翠屏山南麓，与原址遥相呼应，妥为保存。

法兴寺的平面布局，定型于唐代。寺址依山而建，坐北朝南，二进院落，中轴线上建山门、舍利塔、圆觉殿和后殿，两侧建关公殿、碑房等附属建筑，布局疏朗，寺宇轩昂。

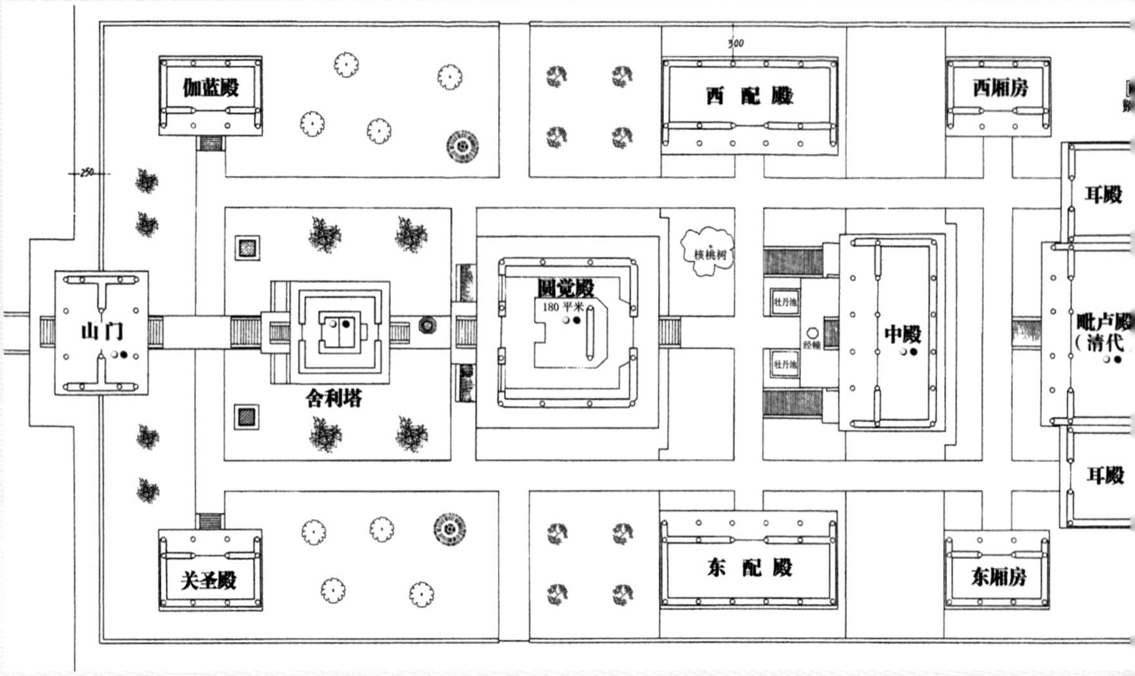

法兴寺总平面图

进入一进院落后，映入眼帘的是一座似塔非塔，似殿又非殿的石结构建筑，称为石殿。这座建筑本名舍利塔，据碑文记载是在唐咸亨四年（673）唐高祖的第十三子郑惠王李元懿任潞州刺史来寺游览时，见这里风光壮丽，寺宇辉煌，便大施钱财并主持建造了这座石殿，并将自己珍藏的舍利子和藏经收藏于塔中。塔方形，二层，平面呈回字形，高 10.7 米，底边每面长 8.8 米，通体用砂石板和石条砌成，塔檐三层叠涩出檐，并反叠涩六层收回，二层平面仅有一层平面宽度的 1/3，四坡施檐，斗拱支撑。塔刹束腰须弥座上承仰莲座，上承二层相轮和宝珠。塔身南向辟门，方形塔室，内槽可绕行一周，塔室中心设藻井一方，四壁绘画，人物形象端庄，服饰色泽深沉。这种奇特造型的古塔在我国现存古塔中是极其罕见的一例。

舍利塔后是一座雕造精美的燃灯塔。塔身基座上有“唐大历八年（773）清信士董希睿……于此寺敬造长明灯一所”的题记。长明灯是古代佛教寺院中的小品建筑，汉唐时十分盛行，曾影响到日本、朝鲜等邻国。国内现存唐代以前的燃灯塔仅 3 座，法兴寺的这座是其中雕造最为华丽的一座。塔通高 2.58 米，平面八角形。塔座圆形，每面雕有瑞兽。上承二层基座，底层基座八角束腰须弥式，束腰内每面刻有壸门，壸门内每面都刻有伎乐天，手执乐器，歌舞蹁跹。上层基座圆形，雕仰覆莲瓣，莲瓣为宝装式，是唐代重要建筑中常见的雕刻形式，束腰内雕凸起的莲蕾 8 枚。塔身仿木结构，八角形塔身，四正面雕门，四斜面雕破子棂窗，塔内灯光可由四门射出，光照寺内。塔壁每角雕束莲倚柱，上承阑额、斗拱承托屋檐。塔檐亦仿自木结构，八面八角，每面都雕有屋脊和瓦垅，檐角微微起翘。塔顶山花蕉叶座承托宝珠。塔完全仿自当时的建筑，造型华美，线条流畅。塔身自上而下的变化应用了四方、八方、圆形、海棠六边形等不同的平面形式，变化十分丰富。其高超的石雕技艺充分反映了唐代石雕技术的水平。

法兴寺石殿

法兴寺燃灯塔

法兴寺圆觉殿及石殿

十二圆觉殿是寺内的主殿。创建于五代后晋开运二年（945），现存为北宋元丰四年（1081）重建，大殿及殿内彩塑均为宋代原物。大殿砖砌台基，高0.9米，殿基外沿条石垒砌，须弥座束腰内雕刻有简练的花纹。殿身面阔3间，进深3间，平面近于方形，单檐歇山顶，屋顶灰筒板瓦覆盖，檐口用琉璃瓦剪边，脊饰也用琉璃制作。前檐柱用石质抹角方柱，柱面上阴刻有缠枝花纹，明间设板门，门框与地栿均为青石雕造。造型精美华贵，反映了宋代建筑艺术的高超水平。

法兴寺主像

法兴寺十二圆觉（东）

大殿内设有凹形的须弥式佛坛，束腰内雕刻有各种花纹和动物图案佛坛，两角设有小八角青石柱，刻工精细，刀法流畅。坛上奉主尊释迦牟尼、二弟子、二菩萨及坛前两尊护法金刚。扇面墙后塑倒坐观音和龙女、善财二童子。殿内两侧山墙下各塑 6 尊菩萨，合称十二圆觉，是宋代彩塑的精华。全堂彩塑布局精妙，错落有致，更显场面辉煌。殿内彩塑原有 23 尊，现仅存 18 尊，除主佛、菩萨、金刚被后人重妆失去原貌外，十二尊圆觉皆为宋代原作。据寺内宋政和元年（1111）《慈林山法兴寺新修圣像记》等宋碑记载，殿内的佛坛、佛座是北宋大观元年（1107）都维那范俊等出资，潞州砖匠郭贰、郭用等镌造；坛上一佛二弟子二菩萨和两尊金刚是在政和元年（1111）制作；圆觉菩萨则是政和二年塑造完成，并记载了匠师和主持人的姓名，是宋代彩塑中有确切年代记载的一处。大殿不仅造型优雅，富有生活气息，而且最为珍贵的是其为宋代原作，未被后世装銮，堪称稀有珍宝。

“圆觉”是佛教中觉性圆满的意思。十二圆觉是根据《圆觉经》的记载塑造的，分别是文殊、普贤、普眼、金刚藏、弥勒、清净慧、威德自在、辨音、净诸业障、普觉、圆觉、贤善首 12 尊菩萨。他们分别向释尊请教大乘圆觉境界修行成佛的法门，释尊对他们一一解答，因此有“十二圆觉”之称，唐宋以来诸家不断评注此经。因圆觉菩萨重在表现成佛修行的路径，因而其造型受教义的限制而有一定程式和格局。法兴寺的十二尊圆觉菩萨造型古朴，装饰、背景、布局简洁，当属流行的早期阶段，但其精妙之处在于迎合了宋代佛教世俗化的潮流，突破了深受佛教教规束缚的圆觉菩萨造型的旧规，皆以婉丽动人的女性形象出现，富有人间生活气息。十二圆觉菩萨分坐在依壁而设的束腰基坛上，每面 6 尊，高 1.6 米 ~1.7 米。基坛上置仰莲平台和束腰佛座，菩萨倚坐其上，赤足踏于莲台之上，或正或侧，姿态自然。这组彩塑眸多下视，隆鼻曲眉，面部丰腴，胸部袒露。头上不戴花冠，外露的发髻高盘在头，不仅变化多样，而且其发丝都清晰可辨，发型与唐代佛光寺东大殿唐塑菩萨发型相似。菩萨像面形圆润，神态各异，丰满的肌肤带有很强的质感。项下璎珞简洁，不似同时期的繁缛。衣褶随身姿流转，贴切自然，既无唐代湿纱裹体之势，也无宋元衣饰沉厚之感。身姿或伏、或仰、或侧，手势或举、或垂，悠然之势，流露出丰富的感情世界。整组彩塑，情姿各一，有的沉思，有的顾盼，有

的倾听，有的期望，精细地刻画出菩萨丰富的内心世界。置身于群像之中，或可觉其口在传情，目在传神，可使人暂时忘却人生的烦恼，到达虚幻的佛国世界，具有极其感人的艺术力量，令人叹为观止。

殿内扇面墙后塑有观世音菩萨和善财、龙女两童子。菩萨背依象征普陀圣境的山石悬崖，下方波涛汹涌，象征着南海的巨澜。菩萨半结跏坐式，左手托巨石，右手置于膝间，善财、龙女分侍左右。菩萨面相丰满，眉清目秀，雍容大度，既无宗教的威严之势，亦无虚幻的神秘之感，俨然是一位可亲可敬的古代善良女性的形象，悠然自得的神态似乎可将天下的苦难之人都引向快乐的彼岸。造像通体表现准确而细腻，头、身、手、足等裸露处似有肌肤的弹性感，双臂修长，柔若无骨。衣褶的刻画较为简洁，与优美的身姿和肌肤的柔软形成强烈的对比，足见其雕造手法之精湛。

佛教禅宗自唐五代以来蔚为大势，许多禅僧在生活态度上比较放任自由。佛教造像随着禅宗思潮的高涨，不再囿于清规戒律题材，内容侧重于现世，宗教世俗化的倾向大为增强，风格式样和表现手法，全面彻底地实现了中国化，外来的宗教逐步转化为中国佛教。

法兴寺宋塑造型优美，工艺精湛，既有唐代造像的富态，又带有后世写实的特征，是十分难得的宋塑精品。与大同华严寺辽塑、太原晋祠宋塑同为我国宋辽时期彩塑艺术的代表作。

十二圆觉彩塑（部分）

崇庆寺全景

紫云梵刹——长子崇庆寺

崇庆寺位于长子县东南 20.5 公里的紫云山腰，东、西、北三面环山，寺后山峰环峙如屏，寺前松柏簇拥，万绿丛中一点红，极富诗情画意。寺坐北朝南，一进院落布局，中轴线有山门（天王殿）、千佛殿，左右为卧佛殿、三大士殿、十帝阎君殿、关帝殿，东院为禅房院，占地面积 1900 平方米。各殿均有塑像，尤以西配殿内北宋元丰二年（1079）所塑三大士及十八罗汉像、西垛殿内明初塑地藏菩萨与十王像，造型优美，神态传神，为我国彩塑中的精品。

关于寺院的创建，由于年代久远，早期的碑文早已散佚殆尽。关于寺院的创建沿革，只有清嘉庆三年（1798）《崇庆寺重修碑记》记述较详："唐明皇帝别驾潞州时……见此山紫云摇曳，彼时尚未有寺，迨宋大中祥符九年 (1016) 而寺始建。千佛殿居其北，卧佛殿居其东，大士殿居其西，天王殿居其南。

寺东南立门，门之东建关帝殿，西北建十帝并鬼王殿（即地藏殿），西南又立给孤独长者殿。殿东北一院，则为方丈禅院……其后世遥年湮，物久而敝，栋宇摧残，墙垣颓圮……幸有法僧头陀修缮，经营于春初，告竣于秋后”，恢复了寺院的原貌。现存寺院就是清代重修后的面貌。经鉴定，寺内千佛殿为宋大中祥符九年（1016）遗构，殿内的彩塑亦为同期遗物。三大士殿（又称罗汉殿）虽经后代重修，但殿内的梁架和殿内彩塑仍为宋代原作。天王殿及地藏殿，重建于明嘉靖二十七年（1548）。卧佛殿、关帝殿、给孤独长者殿、方丈禅院等，都是清嘉庆三年（1798）重修或增建的。寺院布局规整严谨，殿堂分布主次分明。

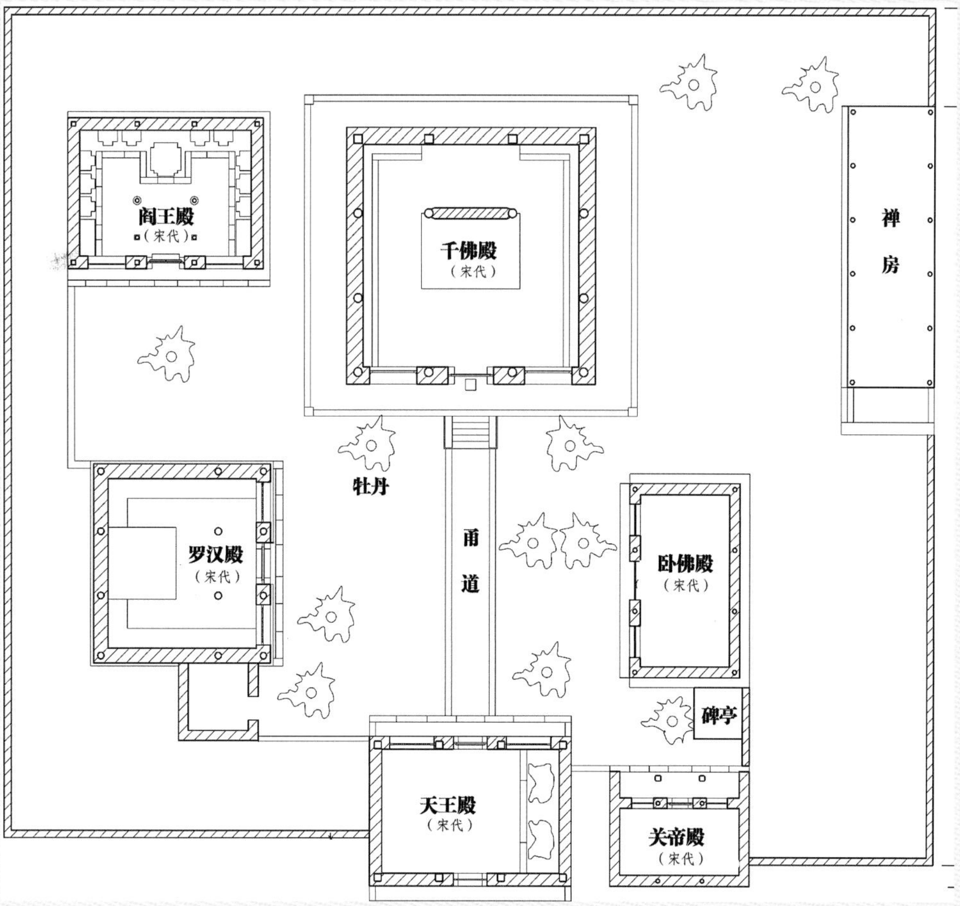

崇庆寺总平面图

千佛殿全景

千佛殿是寺内主殿，面阔 3 间，进深 3 间，六架椽，单檐歇山顶，通面阔 11.72 米，总进深 11.76 米，平面呈正方形，檐柱明间设板门，次间安破子棂窗。四周檐柱向内倾斜，形成侧脚，脚柱增高，造成生起，使屋顶荷重向当心聚集，建筑结构合理稳固。檐下柱头间施有阑额普拍枋，柱上仅施柱头斗拱，无补间铺作。柱头斗拱五铺作单抄单下昂，耍头砍作下昂形。斗拱拱头卷瓣显著，斗顱较深，制作手法尚沿袭唐代遗风。千佛殿梁架用彻上露明造，六架椽屋四椽栿对乳栿用三柱，平梁两端设托脚斜撑，上置驼峰、侏儒柱、叉手、大斗承负脊槫。叉手断面较大，侏儒柱纤细，似乎还沿袭着大叉手负重的遗风。大殿内所用梁栿制作精细，微呈月梁形。栿枋、搭牵、驼峰、大斗、捧节令拱、替木等梁架构件，几乎还都是宋代原构，砍制规范，制作技法纯熟，是我国宋代小型殿宇中具有代表性

正殿彩塑

正殿彩塑

正殿佛台

的优秀遗构。大殿前檐所用窗棂式样，形式古老，仍是宋人旧作。殿内设有大型佛坛，佛坛束腰须弥式，上下叠涩雕有仰覆莲瓣，中部束腰部位雕有剔地突花纹，间柱施有兽面，与宋营造法式中所记载的佛坛十分相似，仍为宋代原物。坛上一佛二菩萨及背面侧座观音像，均经过后人重妆，造型风格已失宋风。

十帝阎君殿又名十王殿、地藏殿。据殿内脊板题记建于“大明嘉靖二十七年（1548）”，殿身面宽三间，进深四椽，单檐悬山顶，殿顶琉璃脊饰。梁架为五架梁结构，柱头施三踩斗拱。殿顶琉璃及门窗装修均为明代原物。殿内设有神坛，上塑地藏菩萨及侍者像，左右十殿阎王，两墙塑六曹判官，上部悬塑佛、菩萨、弟子、天王、明王等，均为明代作品。

三大士殿俗称西配殿，宋代建筑，明代重修，面宽三间，进深四椽，悬山顶。殿外观装修为明清建筑，内部梁架结构均为宋代原物。殿内施有低矮的佛坛，上留有两方铭记，记载有施主名及“元丰二年二月砌造”题记，坛上存文殊、普贤、观音三大士像，两侧为十八罗汉彩塑，为国内现存宋代罗汉中唯一有确切纪年的作品，是崇庆寺宋代彩塑中的精华。殿中央设有方形佛坛，观音、普贤、文殊各驾坐骑呈“品”字形排列。以观音为中尊，配以文殊、普贤二菩萨，这种三位一体的组合形式，是五代前后观音信仰形成后才有的新形式。观音骑麒麟像，则属孤例，麒麟是中国传统的吉祥瑞兽，并非佛教题材，崇庆寺三大士殿为了表现三大士的组合，与文殊、普贤二菩萨的青狮、白象协调，给观音菩萨安置了麒麟作为坐骑，可以说是一种新的创造。在一般的寺院中，文殊和普

三大士殿砖雕题记

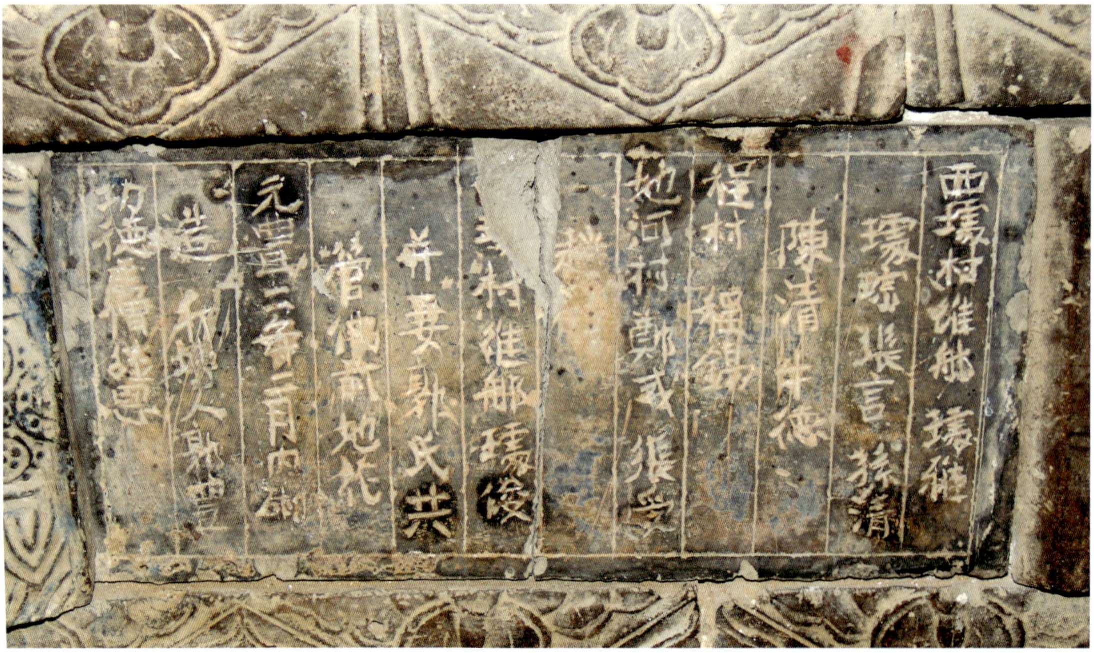

观音像

三大士像

贤菩萨所乘的狮象都作立式，而崇庆寺中作伏卧式，也属稀有。三大士中观音居中，下设海石基座，上为观音坐骑麒麟昂首回望，观音半跏坐于麟背上，头戴花冠，上身袒露，下着长裙，面形清秀，神态安详，既有神的威严，又有人的情感，将神与人结合得惟妙惟肖。普贤菩萨居于佛坛的左侧，下为山石基座，白象伏卧其上，背上驮有莲台，普贤菩萨半跏坐于莲台之上，左腿盘曲，右足踏于莲镫上，身姿优雅。佛坛右侧的文殊菩萨头戴化佛宝顶髻，胸佩璎珞，以半结跏趺坐于青狮之上，表现出智慧威猛。

大殿内两山墙下设低佛坛，上塑十八罗汉坐像，每面 9 尊，通高 1.6 ~ 1.7 米，情态生动，性格鲜明。据唐玄奘法师所译《法住记》所说，“十六罗汉”受释迦牟尼佛的嘱托，不入涅槃，常住世间，受世人的供养而为众生作福。这“十六罗汉”的名称是：宾度罗跋罗惰阇、迦诺迦伐蹉、迦诺迦跋厘多阇、苏频陀、诺距罗、跋陀罗，迦理迦、伐阇罗弗多罗、戍博迦、半托迦、罗怙罗、那迦犀那、因揭陀、伐那婆斯、阿氏多和注荼半托迦。佛寺中或供“十六罗汉”，或供“十八罗汉”。然而，“十八罗汉”并没有经典上的根据，是两种附会之说。增添的两位“罗汉”：或谓是《法住记》的作者庆友（斯里

罗汉像

兰卡人）和译者玄奘；或谓是庆友和《十六罗汉因果识见颂》的作者摩拿罗多；或谓将第一尊宾度罗误为宾度罗和宾头卢两人再加上庆友……至少有五六种说法。民间则将增添的两位称为“降龙”“伏虎”。这在小说《济公全传》中亦有反映。五代张玄等始绘十八罗汉像，宋苏轼作《十八大阿罗汉颂》：“今于海南得此十八罗汉像，以授子由弟，使以时修敬。”宋、元以后，“十八罗汉”流行民间。崇庆寺三大士殿的这十八尊罗汉当属宋代早期的罗汉。敷色以赤、绿、靛蓝为主，古雅深沉。伏虎罗汉是十八罗汉中的第十八尊，称为宾头罗尊者。传说他所住的寺庙外常有猛虎长啸，宾头罗认为是老虎饿了，便将自己的食物分一些喂老虎，时间一长，猛虎便被他收伏，常和他一起耍，故又称为伏虎罗汉。伏虎罗汉像前一虎俯伏，昂首望着宾头罗尊者，罗汉神情恬静，慈祥地

注视着虎的行动，动静结合，各具神态。苏频陀尊者是十八罗汉中的第四尊，他是佛祖的最后一名弟子，苏频陀时时手托一塔，因为塔是瘗藏佛的舍利塔，故塔成为佛的象征。他为表示怀念和追随佛祖，故特制一塔随身携带，所以也称托塔罗汉。崇庆寺的苏频陀尊者，老僧像，袒胸，身披袈裟，瞋目，神态奇异，性格鲜明。因揭陀尊者是十八罗汉中的第十三尊，他本是古印度的捕蛇人，为避免行人被蛇咬，他捉住毒蛇后便拔掉毒牙，然后将其放生。因揭陀罗汉以善心修得阿罗汉果，又称为布袋和尚。这位布袋和尚与天王殿中所供布袋和尚契此是两码事。崇庆寺的这组罗汉造像，是宋代佛教世俗化的产物，具有人间所需的亲切性，造像既有共同的特征，又个性鲜明，形象塑造突破了概念化的拘泥，把宗教艺术与时代精神密切联系，丰富并深化了表现主题。

罗汉像

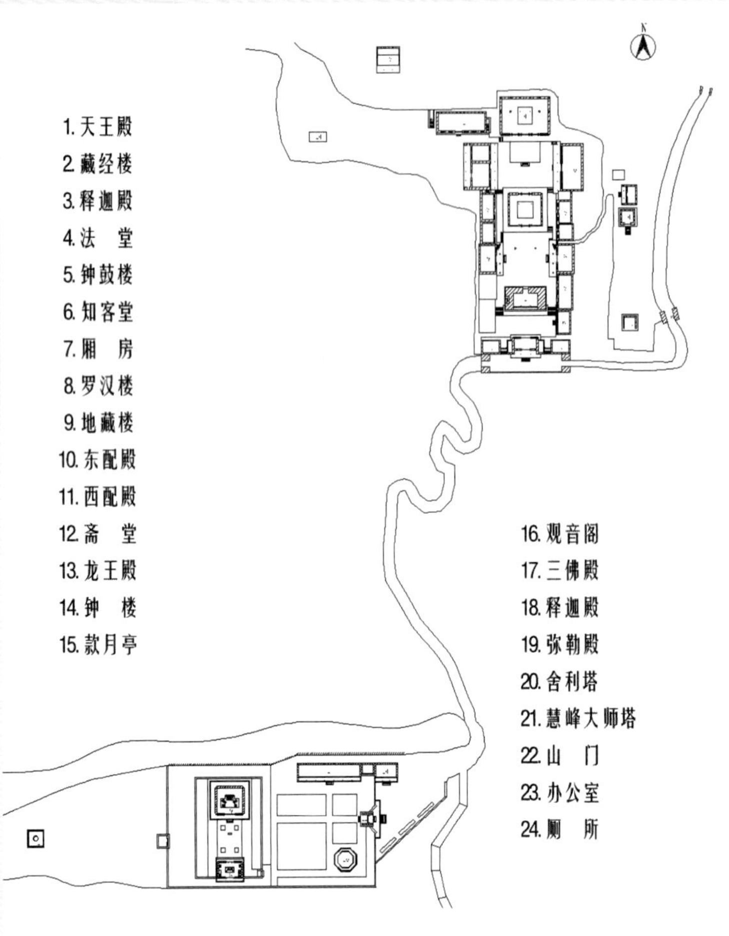

青莲寺宋代建筑布局

硖石双璧——晋城青莲寺

青莲寺坐落于晋城市泽州县东南 17.5 公里硖石山麓。寺分古青莲寺和青莲寺两部分。寺坐北朝南，依悬崖而建，两寺遥相对望。寺东有珏山，双峰对峙，夜晚月从双峰间吐出，古称“珏山吐玉”“双峰捧月”。寺侧崖壁如削，顶平如台，壁中部刻“掷笔台”三字，相传为古青莲寺的创始者慧远法师注《涅槃经》后掷笔之处，故称为掷笔台。明代吏部尚书王国光有诗云“高僧云卧到莲宫，台上传经写色空，落笔山头乘鹤去，老松犹响雨苍风”。台南建有款月亭，寺前丹水荡漾，似一条玉龙蜿蜒其间，景色秀美，环境优雅。

下寺全景

古寺初名硖石寺，由净土宗高僧慧远创建。慧远（523—592），俗姓李，祖籍敦煌，后移居泽州霍秀里（今泽州县霍秀村），北齐至隋初名僧，与晋慧远同名，相距400余年，别为一人，因其晚年居长安净影寺，故又称净影慧远。慧远13岁出家，16岁随湛律师在北齐首都邺城（今河北临漳）学佛，后在故乡结草为庵，创立道场，注疏经文，讲经说法。周武帝灭北齐后在邺城废佛，遭到慧远当面斥责，以死相争，表现了不畏权贵的可贵品格。隋文帝开皇七年（587），慧远以高尚的德行被推举为统管天下僧民事务的6名僧官之一而入住京城大兴善寺，隋开皇十二年（592）圆寂。隋文帝对慧远的去世极为悲痛，称“丧吾国宝矣”。慧远一生著述颇丰，文重当时，被称为释家之泰斗，对中国佛教文化的传播和发展做出了不可磨灭的贡献。

慧远创立硖石寺后，唐代时高僧辈出，太和初年（827），慧愔禅师从汾并（晋阳）来寺，对寺院进行了扩建，广集佛徒开辟为法华道场。次年创立上院，兼设普贤道场。唐咸道八年（867），上院赐额为“青莲寺”。北宋太平兴国三年（978），上院改赐“福岩禅院”，下院称“古青莲寺”。明代时福岩禅院复称“青莲寺”，下寺仍称古“青莲寺”。

古青莲寺（下寺）坐北朝南，现存主要建筑有南殿和正殿，东西配殿已成基址。寺院西侧存唐代慧峰禅师石塔一座，寺东有明万历二十四年（1596）建造的藏式舍利塔一座。

青莲寺下寺正殿

古青莲寺（下寺）正殿又称“大佛殿”，平面方形，面阔三间，进深三间，单檐歇山顶。大殿内设有方形的束腰须弥式佛坛，坛上现存彩塑 4 尊，造型丰润，面相饱满，衣褶流畅贴体，是国内寺院中保存至今的唐代彩塑作品之一，雕塑年代大致不晚于唐咸通八年（867），为中晚唐时期的作品。主像释迦牟尼佛坐像，高 4.2 米，头饰螺髻，身着袈裟，面相丰腴，神情凝重，服饰上的衣纹线条流畅，保存着唐代佛像的典型特征。主尊的两侧侍立着阿难、迦叶二弟子，均高 2.26 米。阿难居左，少年持重，以潇洒的神态着力刻画人物的睿智和才情；迦叶居右，恬淡宁静，以饱经沧桑的神态刻画出人物的苦寂和阅历。虽为僧人，但内心世界刻画细腻，两尊弟子塑造得十分精彩。佛像前面，两尊供养童子侍立于莲台之上，现仅存右侧一尊。童子单腿跪立，童真稚气，着重表现其虔诚的心态，将佛法普及人间的宗教思想表露无遗。佛坛前方塑文殊、普贤二菩萨坐像，均高 2.88 米。文殊居左，普贤居右，采用一腿盘曲、一腿自然下垂的“游戏坐”坐姿，坐于束腰须弥座上。菩萨面形长圆，神态庄重，头束高髻，两缕发辫从耳后披于双肩，胸饰璎珞，衣饰以沥

下寺释迦牟尼像

下寺普贤菩萨像

下寺文殊菩萨像

粉锦纹装饰，衣襟裹膝垂于座间，座下束腰须弥座壸门内塑有菩萨的法骑青狮和白象，探头探脑，生动有趣。全堂彩塑布局严谨，动静结合，用佛、菩萨、弟子、供养人不同的人物形象，将深奥的佛教哲理寓于生动的彩塑中，展现在世俗人的面前，取得了震撼人心的艺术效果。塑造手法则保持唐代彩塑浓丽丰肥的“周家样”风格，具有极高的艺术价值。

古青莲寺（下寺）的南殿是一座晚清重建的殿堂，面阔三间，悬山顶。但殿内佛坛上的彩塑却是宋代的原作。殿内保存的唐、宋、金碑各1通，均是十分珍贵的佛教文物。殿内明间砌有扇面墙一道，墙前设有砖砌佛坛。坛上主像释迦牟尼佛，高约2.7米，结跏趺坐于莲台之上，左右侍以二弟子，像均高1.9米。坛前为文殊、普贤菩萨对坐。扇面

下寺唐塑弟子像

下寺北殿外景

下寺隋碑

墙后倒坐南海观音，面相秀丽，衣饰精美，具有宋代造像的风格。其余彩塑均为明清时期的作品。与正殿中的唐塑相比，南殿中的宋塑更加注重写实风格，具有深厚的生活气息。殿内保存的《硖石寺大隋慧远法师遗迹记》唐碑一通，唐宝历元年（825）镌刻，碑首线刻的佛殿图（亦称“弥勒讲经图”），真实地再现了唐代寺院的布局，比陕西西安大雁塔门楣线刻的唐代佛寺更为完整，对于研究唐代佛寺的布局和形制具有极其珍贵的价值。

下寺南殿宋塑

上寺全景

青莲寺（上寺）自唐代创建后，在宋初进行了规模重建，现存主体建筑大多为宋金遗物。寺院的主体建筑依山势而建，中轴对称，每个院落的大小、形状各不相同，空间组织富有变化。在寺前通往寺院的山路上设置了 7 座过街式门楼，称为七星楼，这种层层引导的布局设计方式，构成佛寺建筑的序幕。在寺院东侧的崖壁和山峰上，建钟楼、文昌阁、款月亭、城墙等建筑，构成东路屏障。整组建筑布局和谐，将自然和人工天衣无缝地融合在一起，形成北方典型的园林式佛寺建筑群。

寺前建有巨大的平台，东西阁对峙，主体建筑依中轴线分为四进，山门后为藏经阁，建于唐代，北宋时改建为藏经阁，并在阁上藏有佛经 5000 余卷，面阔 5 间，二层单檐歇山顶，上层梁架斗拱用材规范，尚具宋代手法。

释迦殿为寺内主殿，宋元祐四年（1089）重建。殿面阔进深均为三间，平面呈方形，单檐歇山顶。殿前檐当心间装板门，两次间为直棂窗。前檐当心间的门框、地栿都用青石雕造，上刻有花卉纹饰，刻工精细，表现了宋代石刻艺术的精湛技艺。其余檐

上寺正殿

上寺藏经阁

柱均为抹楞石柱，石柱、门框上刻有宋代题记，是大殿建造年代的确切记载。大殿梁架结构采用彻上露明造，柱头斗拱五铺作单下昂，昂作批竹式，补间不设铺作只有隐刻，是中国古代木构建筑中一种古老的做法，材料加工精细，用材规范，保持了典型的宋代风格。

大殿内设有方形佛坛，释迦佛居中，两侧分别有二弟子、二菩萨，是典型的一铺五尊布列方式。佛身着通肩袈裟，头饰螺髻，面相方圆，大耳垂肩，左手垂放膝上，右手已失，结跏趺坐于莲台上，莲台下为八角束腰须弥座，束腰间柱内塑有负重力士。佛后未设背光而利用扇面墙作为屏墙，绘有花鸟古画。佛侧的弟子仅存的阿难，神情虔诚，体态健美，宋塑风格显著。文殊、普贤两尊菩萨相对而半跏趺坐于莲座上，神态威严，衣饰相近，皆头饰高髻，身着披帛，裳裙上饰以沥粉贴金，垂裙披覆于莲台上。虽经后代重妆，但衣饰、造型仍不失宋塑风格。整组造像错落有致，更显场面庄严肃穆，具有浓郁的宗教氛围。

大殿后的东西厢分别是观音阁和地藏阁，均为宋代重建，楼阁上层的梁架、斗拱保留有宋代风格，观音阁上层梁架中尚保存有宋建中靖国元年（1101）题记。下层为清代重建，是清代改建时将两阁置于清代重建的楼阁之上。观音阁上层内塑有观音坐像，高1.7米，头戴花冠，胸饰璎珞，右腿盘曲，左腿下垂踏于莲台之上，作“游戏坐”，面相饱满，神情闲适。两侧分别为善财、龙女胁侍，主次

上寺地藏阁彩塑

上寺藏经阁斗拱

分明。主像的两边分别塑十六尊者，高约 1.4 米，形神具备，塑像注重内心世界的刻画，极富写实风格，是宋代宗教艺术走向世俗化的较早作品。地藏阁上塑地藏菩萨和十殿阎王。地藏菩萨结跏趺坐，头戴宝冠，手执宝镜，面容俊朗，神态安详，在威严中流露出对人间的悲悯。菩萨两侧分别立有闵公居士和道明和尚，神情都极为敬畏虔诚。十殿阎王均作帝王装，双手执笏板，神情凝重，与神情严肃的地藏和阎王相对的还有一尊金刚力士，面目狰狞，手执法器，青筋暴突，全身肌肉夸张性突起，令人生畏。整组彩塑个性突出，动静结合，渲染出深厚的佛教气氛，具有十分感人的艺术力量。

观音阁的楼下，保存有北宋政和八年（1118）《罗汉碑记》一通，镌刻有 16 位住世罗汉和五百罗汉的名号，其中五百罗汉的名号，为我国现存记载中年代最早的一例，为研究佛教史的重要史料。

上寺正殿宋塑

玉皇庙二道山门

群仙荟萃——晋城玉皇庙

玉皇庙，原称玉皇行宫，坐落于晋城市东北13公里府城村后的土岗上。其居高临下，气势轩昂，是古代泽州地区影响最大的道教庙宇。庙始建年代不详，明代碑刻记载："隋时居民聚之北阜，建庙宇三楹，内绘三清神像"，隋代时这里曾是丹川府驻军之地。北宋熙宁九年（1076）在旧址上重建，额曰"玉皇行宫"，庙内建有山门、大殿、廊庑，并绘有壁画，塑以神像，已初具规模。金泰和七年（1207）因庙内殿宇损坏，当地群众集资重修。但不久又毁于贞祐年间（1214—1216）的兵火。元（后）至元元年（1335）再次重建，形成现在的格局，元至正十五年（1355）以及清明两代屡次修葺，元代的总布局未变。庙的主体建筑尚存宋金风格，庙内保存有宋、金、元、明道教彩塑260余尊，自成体系，艺术地展现了我国道教的诸神系统，这些彩塑虽然经过后人的重妆，但原作风格尚存，堪称道教彩塑艺术博物馆。

玉皇庙坐北朝南，共存三进院落，现存殿宇廊庑17座，房屋100余间，占地面积5000余平方米。主体建筑沿中轴线自南而北依次为头道山门、二道山门、成汤殿、献殿、玉皇殿。轴线两侧分别建有配殿，两庑分别有二十八宿殿、十二元辰殿、十三曜星殿、关帝殿、蚕神殿和钟鼓楼等。整体布局气势恢宏，庄重典雅，殿堂厢房鳞次栉比、高低错落，宏大的建筑群烘托出浓郁的道庙气氛。

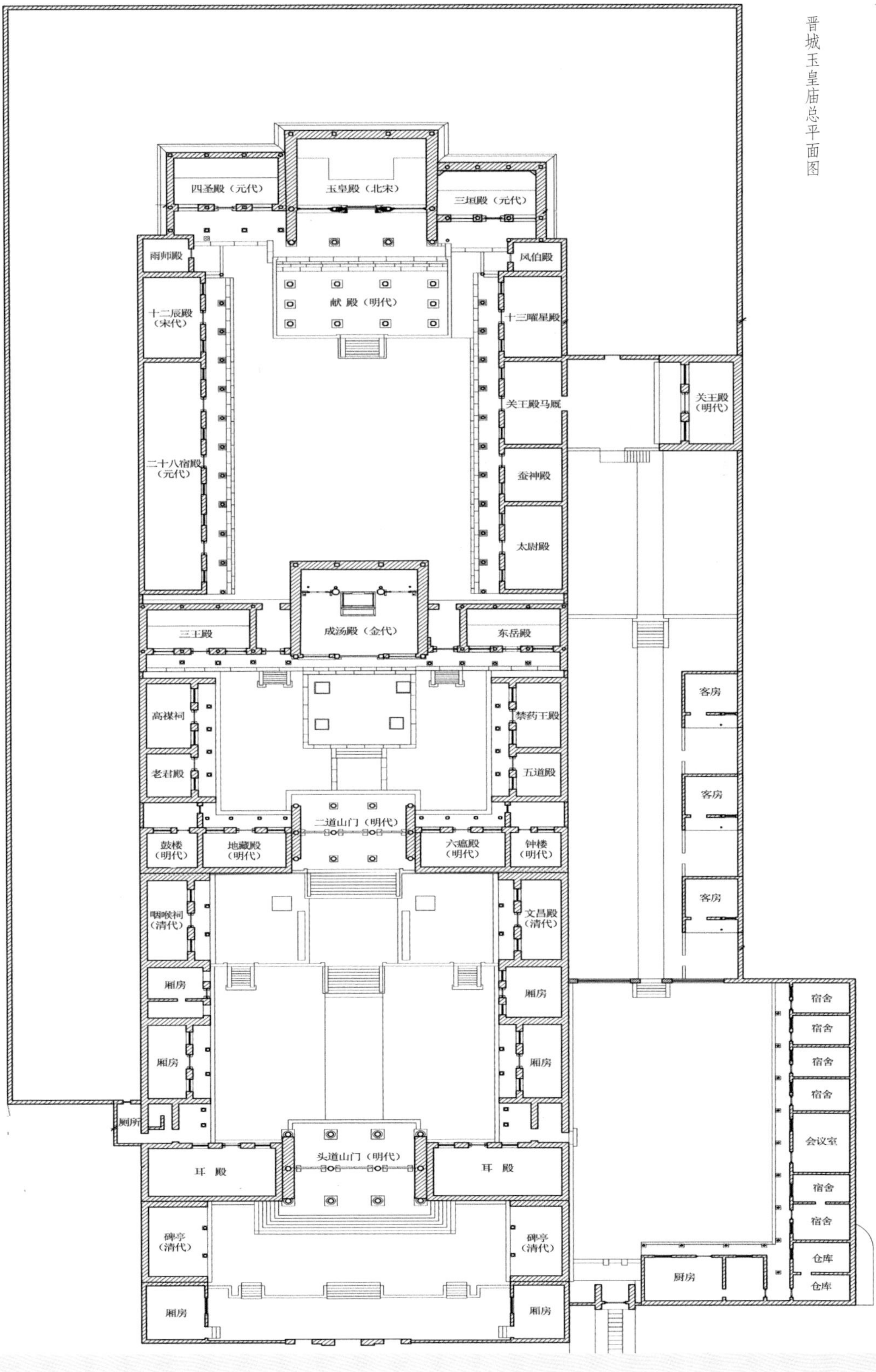

四圣殿（元代）
玉皇殿（北宋）
三垣殿（元代）
雨师殿
风伯殿
献殿（明代）
十二辰殿（宋代）
十三曜星殿
关王殿马厩
关王殿（明代）
二十八宿殿（元代）
蚕神殿
太尉殿
成汤殿（金代）
三王殿
东岳殿
客房
高禖祠
禁药王殿
老君殿
五道殿
客房
二道山门（明代）
鼓楼（明代）
地藏殿（明代）
六瘟殿（明代）
钟楼（明代）
客房
咽喉祠（清代）
文昌殿（清代）
厢房
厢房
宿舍
宿舍
宿舍
宿舍
厢房
厢房
会议室
厕房
头道山门（明代）
耳殿
耳殿
宿舍
宿舍
碑亭（清代）
碑亭（清代）
仓库
仓库
厨房
厢房
厢房

晋城玉皇庙总平面图

成汤殿

成汤殿为二进院落的主殿，因殿内祀有成汤而得名。殿面阔3间，进深3间，平面方形，悬山顶。殿内梁架彻上露明造，檐下斗拱四铺作单昂，梁架中的平梁、蜀柱、叉手及梁枋的断面尺寸均保留有金代建筑的特征。大殿内有元代塑造的成汤大帝像，两侧塑有侍从，神态持重，威仪不凡，皆坐于木雕神龛之内。神龛二层重檐歇山顶，制作精美，手法尚具金代风格。大殿两侧设有东西偏殿。东偏殿内中奉东岳大帝黄飞虎，左塑貌端星（黄飞虎夫人），右塑丙灵公（黄飞虎后裔黄天化），下为黄飞虎麾下黄明、周纪等，是依据封神榜的题材塑造的。西偏殿为三王殿，塑有牛王、马王和圈神。东西厢的廊庑内也皆为道像。东廊庑内分为两个部分，一为二王殿，一为五道庙。二王殿又分为两部分，一奉掌管牢狱的禁王，面赤红；一为药王孙真人，两侧分塑华陀、扁鹊等名医，儒者装束。五道庙内奉五道神，亦称五道将军，是圣、勇、义、智、仁五种理想的化身。西廊庑内奉高禖，俗称奶奶庙，当中龙椅上置有裙裳，色泽鲜艳，式样逼真，主像奉周文王夫妇及侍从，是专为求子保婴而设的神祠。二进山门的两侧分别建有东西垛殿。东垛殿为六瘟殿，殿内立像为劝善大师匡阜真人，瘟道士率四方引瘟使者；西垛殿内祀地藏菩萨和十殿阎君，中为地藏菩萨，左右分侍道明和尚和闵公居士。金元以后，三教合流，道庙中屡有佛教造像出现，反映了道佛相互融合共存的趋向。

成汤殿内神龛彩塑

玉皇殿为三进院落的主殿，也称凌霄殿。大殿建于宋熙宁九年（1076），面阔3间，进深3间，平面方形，悬山顶，前檐设廊，廊柱下施有宋代盛行的覆莲柱础。殿内梁架彻上露明造，柱头上施有四铺作单昂斗拱，制作规整。虽然规模不大，但具有显著的地域特色。大殿屋脊上正侧两面保存有金代烧造的“二十八宿”小像和狮子，是金泰和七年（1207）的遗作，造型古雅，是现存金代琉璃中仅有的孤品。大殿内正中神台上供奉玉皇大帝，他是道教中地位最高、职权最大的神，又是人间帝王的化身，总管着三界（上、中、下）、十方（四方、四维、上下）、四生（胎生、卵生、湿生、化生）、六道（天、人、魔、地狱、牲畜、饿鬼）的一切祸福。玉皇大帝神情凝重端坐于龙椅之上，金龙、神兽、花卉将宝座装饰得金碧辉煌。神台两侧和龛前，分别排列着嫔妃侍女和文臣武将。嫔妃侍女面部表情各异，头饰双发髻和单发髻两种，缚以花巾或彩带，婉约动人的姿态和风格，近似于太原晋祠圣母殿内的宋塑侍女雕塑。神坛下有辅弼星君和宰辅丞尉，排列有序，俨然天堂威仪。殿内原存彩塑118尊，现存52尊，大部分经后世重妆，但仍保存有宋金时代的风貌。正殿的两侧分别建有东西垛殿。东垛殿名三垣殿，奉道教早期供奉的三位天神，原为天

玉皇殿立面

官、地官和水官。南北朝时与三元结合成为三位天帝。据《元始天尊说三官宝号经》，三位天帝的名号和执掌分别是：“上元一品赐福天官，紫微大帝；中元二品赦罪天官，清虚大帝；下元三品解厄水官，洞阴大帝”。后演化成总管天上地下、三界十方、万类种种的天官。这种题材的造像兴于南北朝时期，唐宋余绪。玉皇庙三官殿供奉的三

玉皇殿牌匾

玉皇殿顶金代二十八宿琉璃

玉皇殿内玉帝彩塑

玉皇殿内后宫嫔妃像

尊天神，正是延续的唐宋余绪。天官居中，捧笏端坐；地官居左，文吏服饰；水官居右，金面黑发，各具个性。主像前各塑男女侍者，神坛前有站像两尊，体格匀称、丰满。西配殿内供奉的是镇守凌霄宝殿的四大神将，名为天枪、天棒、天矛、天锋，造型夸张，有一头四臂者，有三头六臂者，英武之气，表明了他们是天廷的守护者。

玉皇殿东西两侧均设有廊庑。东庑分为四殿，分别奉有三霄娘娘、行山六太尉、关圣帝君、九曜星君等神祇。三霄娘娘也称三仙娘娘，即道教中的云霄、碧霄和琼霄，均为天神；六太尉是守护捕盗的官吏，职司治安；关圣帝君是蜀汉大将关羽，死后谥为壮缪侯，北宋时三次追封为义勇武安王，明万历时敕封为协天护国忠勇大帝，由王而晋封为帝；九曜星君为道教崇奉的 7 位星神，原指日、月及金、木、水、火、土五星，后演化为九曜乃至十一曜星君，各有执掌，各司其职。西庑分为二殿，上三间内塑有十二星辰，又称元辰殿，供有十二元辰星君。十二元辰，俗称十二生肖和十二属相，是古代用十二种动物象征十二个星宿表示天体的运行规律，后成为人的属相。每年一星司职人间，依次轮转。每尊星君代表一个时辰，在星君的花冠上都塑有相应动物的

形象。彩塑比例和谐适当，形态风格生动，极富人性色彩。据庙内碑文记载，这批彩塑是元代至元年间（1264—1294）的作品。西庑的下八间是星宿殿，因殿内供有二十八尊星君而得名，这组彩塑是玉皇庙元代彩塑的精华，内容丰富奇特，布局严谨合理，构思新颖大胆，情态生动逼真，是全国元代彩塑之冠。

二十八宿是古人为测日月五星的运行，选择赤道附近的二十八个星座作为标志，用来说明日月五星运行的位置,称为二十八宿。道教将其神秘化、人物化，将星座附以人物形象。唐代时袁天罡又给二十八宿增添了动物形象，把星宿名、禽兽、人物糅合在一起，形成了二十八宿神像。玉皇庙的这二十八宿雕塑是较为完整的有著名人物和动物的泥塑。二十八宿取男女、鬼神等形象，年龄、

十二元辰彩塑

二十八宿彩塑

表情、姿态无一雷同。有的鹤发童颜，有的和蔼可亲，有峨冠博带、胸怀韬略的文臣谋士，也有怒发冲冠、赤胸裸背的天神，有儒雅可敬的文士，也有冰清玉洁的女子。其神态有的沉稳，有的张扬，有的含笑，有的怒颜。发型的处理更是变化多端，有长发披肩者，有怒发冲冠者，有短发披垂者。表现了元代高超的雕塑技巧。虚日鼠的造型为一中年妇女，长发后拢披覆于肩，面相弯眉秀目，小口，鼻梁高直，右手托鼠，左手作护鼠状，神态沉稳。胃土雉是一尊老者的形象，鹤发童颜，头戴披风，身着大氅，镶宽领边，饰有沥粉图案，右手平伸，左手高举，神态安详。翼火蛇为一武士形象，赤身，仅以绿色围裙护腹，腰束红带，两肩披帛，左手握蛇高举，右手高抬作呼应状，形体夸张，动感极强，达到了形神兼备的艺术水准。这二十八尊彩塑身高均约 1.8 米，每像皆有化身的动物，将人物和动物巧妙地结合在一起，塑造出一系列生动的行星、人虫、神话人物的有血有肉的艺术形象。在塑造技巧上，采用写实与写意相结合的手法将女性柔润的面容、武士强健的体魄、老者松弛的肌肤，都表现得十分细腻，从而取得了形神兼备的极高成就。

玉皇庙彩塑从天皇、地皇、人皇到神、鬼、人，从风伯、雨师、种桑、养蚕到文贞、武道，牛王马王，从高禖求子保婴至华陀劝善、扁鹊送瘟，从天上的神祇到地上人间生活的各个方面几乎在神灵世界中都能找到归宿，将道教世界中的诸神都用泥塑的艺术形式荟萃于一堂之中，展现在人们的面前。

二十八宿彩塑

开化寺全景

开化禅林——高平开化寺

开化寺位于高平市东北17公里陈塸镇附近的舍利山阳。舍利山风景秀丽，峰峦叠嶂，环境清幽，寺院的殿堂楼阁掩映在群山环抱的绿荫丛中。

据寺内现存碑文记载，寺创建于北齐武平年间（570–575），是一座具有1400多年历史的古寺。唐代昭宗时期，寺院称为清凉兰若，是当时驰名上党的佛教名刹。五代后唐时，在高僧大愚禅师的主持下，寺况十分兴盛。北宋时对寺院进行了大规模的重建，并改称为开化禅寺。佛教将开导蒙昧、化恶向善称为“开化”，寺院称为开化，自然有开创教化和趋向文明的含义，标志着宋代佛教尤其是禅宗更加普及和走向平民的趋势。金

开化寺山门

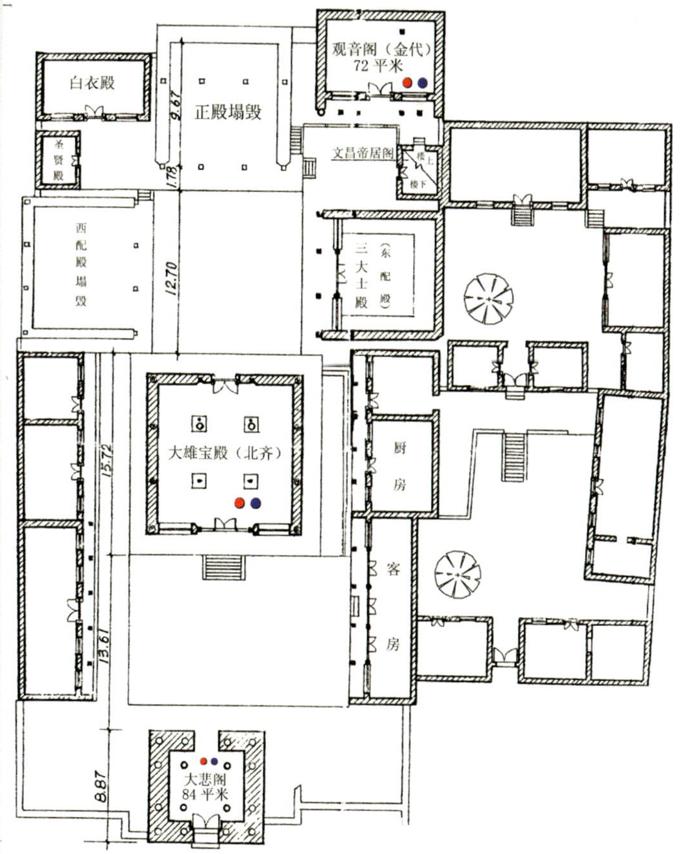

开化寺总平面图

崇庆元年（1212）开化寺重建了观音阁、维摩净室和钟楼（也称大悲阁），其后，元、明、清历代都对寺院进行过增建和维修。现存寺院坐北朝南，依山势而建，中轴线上建有大悲阁（山门）、大雄宝殿、演法堂，两侧为配殿、禅房，占地面积约2900平方米，寺内的主要建筑均为宋金遗构，布局还基本上保持着唐宋时期的格局和规制。

大雄宝殿立面

大雄宝殿又称中殿，是寺内的主殿。重建于北宋熙宁六年（1073），元祐七年（1092）主体工程告竣后，又过了 4 年即宋绍圣三年（1096）殿内的壁画才绘制完成，一座大殿修建了 20 多年，可见工程之艰巨。大殿条石台基，高约 1.2 米，殿身平面呈正方形，面阔 3 间，进深 6 椽，单檐歇山顶，屋顶上饰有琉璃脊兽，整体造型雄浑古朴。大殿前檐装隔扇门，后檐装板门，可穿堂而过。在中国古建筑中装隔扇门的做法，流行于宋辽之际，开化寺大雄宝殿中使用的隔扇门属宋代建筑中较早的实例之一。大殿四周的檐柱都微微向内倾斜，古建筑术语中称为侧脚和生起。这种做法不仅能使建筑的结构更为稳定和牢固，而且能使建筑的屋脊和檐口产生优美的曲线，增加古代建筑的艺术魅力。檐柱的柱头上设有柱头和转角斗拱，耍头砍作批竹形，巨大的斗拱传递着屋架的全部荷重，并承托着深远的出檐，不仅在力学结构上起着绝妙的平衡和传递作用，而且使整体造型显得更为雄浑壮美。900 多年来，大殿历经风雨的洗刷、地震的冲击，至今完好无损，风采依旧。大殿的内外檐斗拱、梁架和拱眼壁里原来都满绘有五彩斑斓的彩画图案，外檐上的图案久经风雨剥蚀，已模糊不清，但殿内梁枋、斗拱上的彩画仍色泽如新。彩画图案有古钱纹、龙牙蕙草、海石榴、牡丹花等，是一些十分古老的图案，与北宋政府颁布的《营造法式》上彩画纹样极其相似，应为宋代原作，是国内现存寺院中极为少见的宋代彩画原作。

大殿内原保存的彩塑已不存，宽阔的殿堂内显得异常空旷。殿内三面墙壁上满绘有壁画，色泽古朴，总面积有 88 平方米。根据殿前北宋大观四年（1110）《庆赞佛殿碑永记》碑的记载，这堂壁画是“以元祐壬申正月初吉绘修佛殿功德，迄于绍圣丙子重九灿然工成”，可知壁画为宋代原作。在大殿内的梁架上还保存有画工的墨书题记：“丙子六月十五日粉此西壁，画匠郭发记并照壁”，“丙子十月冬十五日下手搞谷立至十一月初六日描迄，来春上彩，画匠郭发记并照壁”。这样的记载显然是画工郭发在壁画绘制过程中工作的手记。这种既有绘制确切年代，又留有画师题记的宋代壁画，在国内早期壁画中极其罕见。画师郭发虽然由于岁月的流逝其生平已不得而知，但他创作的这堂精美绝伦的艺术精品将永存画史。

大雄宝殿斗拱、彩画

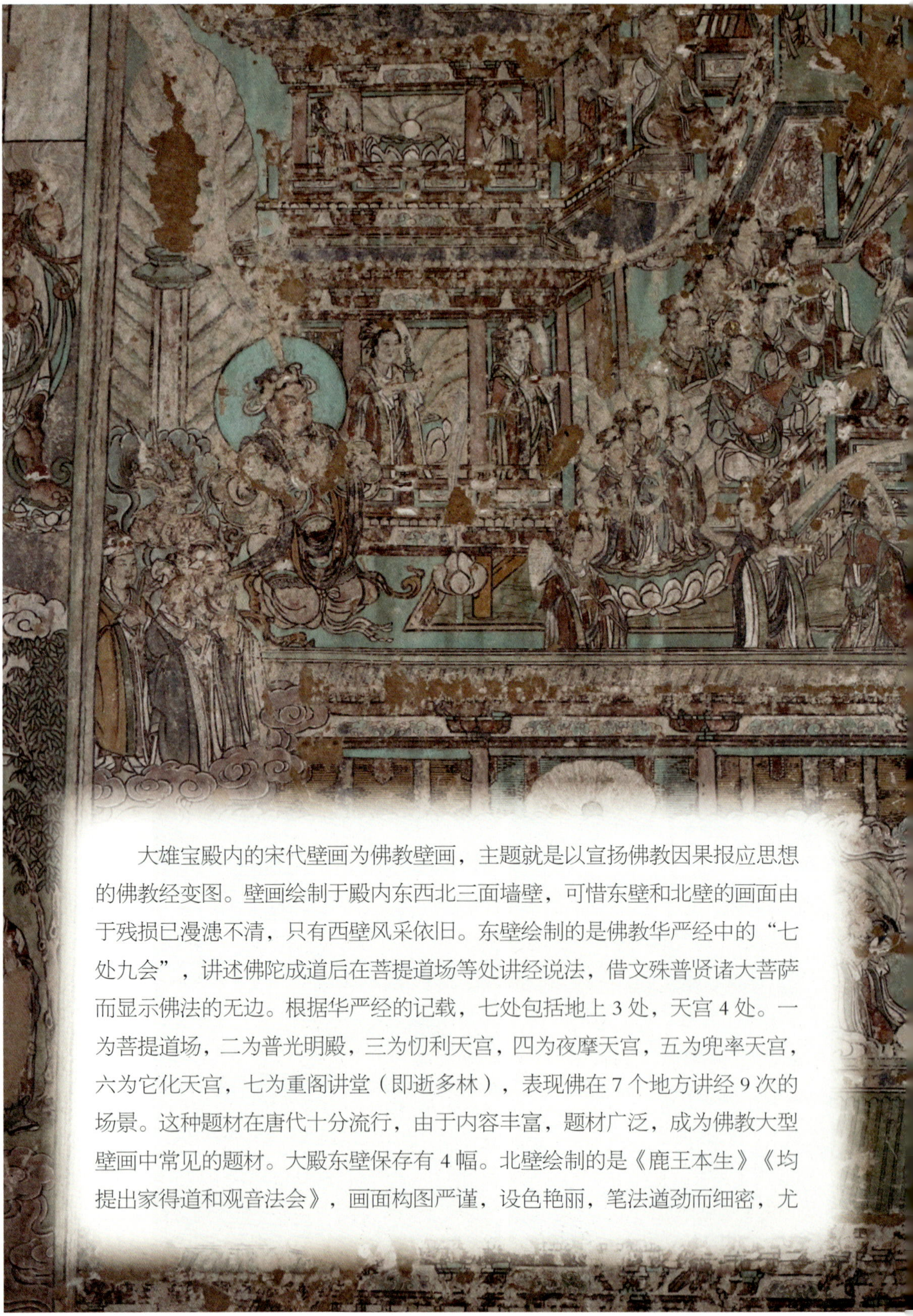

大雄宝殿内的宋代壁画为佛教壁画，主题就是以宣扬佛教因果报应思想的佛教经变图。壁画绘制于殿内东西北三面墙壁，可惜东壁和北壁的画面由于残损已漫漶不清，只有西壁风采依旧。东壁绘制的是佛教华严经中的“七处九会”，讲述佛陀成道后在菩提道场等处讲经说法，借文殊普贤诸大菩萨而显示佛法的无边。根据华严经的记载，七处包括地上 3 处，天宫 4 处。一为菩提道场，二为普光明殿，三为忉利天宫，四为夜摩天宫，五为兜率天宫，六为它化天宫，七为重阁讲堂（即逝多林），表现佛在 7 个地方讲经 9 次的场景。这种题材在唐代十分流行，由于内容丰富，题材广泛，成为佛教大型壁画中常见的题材。大殿东壁保存有 4 幅。北壁绘制的是《鹿王本生》《均提出家得道和观音法会》，画面构图严谨，设色艳丽，笔法遒劲而细密，尤

开化寺大雄宝殿内的宋代壁画

开化寺大雄宝殿内的宋代壁画

其画面所描绘的建筑物比例适当，人物冠带服饰精美，细节绘制得十分精细。画面中大量使用沥粉贴金工艺，更显得金碧辉煌。

西壁是开化寺壁画中的精华所在，是依据《大方便佛报恩经》中的佛本生故事而绘制的。壁画共分为三组，中部是“说法图”，画面中释迦牟尼佛端坐在莲花台上，手做禅宗拈花印，背后饰有头光和背光，上设宝盖，左右有文殊、普贤二菩萨相伴，阿难、迦叶二弟子恭手胁侍，护法金刚雄峙左右，佛坛下是听佛祖讲经的菩萨和僧尼，或侍立，或端坐，都是双手合十，聆听佛祖说法，虔诚之心，溢于言表。供养

菩萨跪踞于前沿，昂首挺胸，目视佛陀，描绘出一派庄严肃穆的说法情景。左侧的一组画面描绘的是须阇提太子孝行、华色比丘尼赴刑场、善事太子、转轮王遍访各地欲求佛法等故事。王子善住因国内叛乱携妻室和儿子逃往国外，流浪途中因粮食断绝，善住为保住自己和儿子的生命，决定杀妻而食。儿子须阇提听到后在父亲面前下跪哀求，愿割自己身上的肉来充饥，以保全父母的生命，他的孝行感动了天帝，最后得到了善果。这种孝道思想是佛教传入中国后与传统的道德伦理相结合的产物，情节生动，极富人情味，具有强烈的感染力。比丘尼赴刑场描绘的是华色比丘尼故事中的一个场

大雄宝殿内的宋代壁画

开化寺中殿宋代壁画

面。华色比丘尼一生苦难，又遇盗贼，被逼为妻，后受到牵连判处死刑，在刑场上被释迦显圣而救，最后出家为尼。刑场上的官吏骑着白马，穿着绿袍监视，在狱吏的押解下男女囚犯蓬头垢面，神情凄惨，前面有刽子手持铁铲站立坑旁，准备活埋人，外有围观者数人，画面阴森恐怖，真实地再现了宋代刑场的情景。右侧的一组画面描绘的是善事太子本生故事中观鱼、观织、农耕等情节，除绘有佛、菩萨、弟子、金刚等外，还有渔翁、农夫、织女、官吏等各色人等，亭台楼阁、服饰、冠带、刑器刑具等各种用品，是一幅反映宋代社会风貌的优秀作品。善事太子本生故事，出自《大方便佛报恩经》。善事，为一切众生谋求福利，入海求得摩尼宝珠，都被其兄所夺，并被刺瞎双眼，

开化寺观音阁

开化寺后殿

开化寺大雄宝殿

流落异邦，最终返回故国的故事。画面中的入海求珠、太子绝食、告别双亲等情节描绘得都很生动，尤其是画面中绘的一艘大船，其样式是研究宋代航海业的珍贵资料。《观织》一图描绘的是善事太子观赏织布的情景，画面上的织女下着长裙，上身袒露，坐在长凳上织布，她使用的织机与山西当地20世纪50年代农村使用的织机几无二致，真实地再现了宋代妇女的劳动生活。在西壁的南部还画有一尊听法的菩萨。菩萨头戴莲花冠，颈佩璎珞，双手合十，旁有弟子手捧经书，左侧金刚侍卫，四周是听法菩萨和僧尼，人物密集，层层叠叠，人物造型准确，服饰线条流畅，主次分明，重点突出，形成了宋代壁画的风格和特征，具有极高的绘画艺术水平。

寺外的塔坪上还保存有4座历代高僧墓塔，尤以五代后唐同光三年（925）建造的“大愚禅师塔”最为精美。塔平面呈方形，塔基由须弥座和莲台两层组成，束腰处每面刻有狮头。塔身方形，中为塔室，塔身四角立方柱，在南向辟塔门，门的两侧雕有力士，门额上方雕有飞天。塔身两侧上方刻有直棂窗，下侧线刻仕女执壶图。塔顶四角攒尖式，檐头刻有方椽和圆椽各一层，四角翼角上还各雕有卧狮一尊。塔雕刻精细，造型典雅精美，是十分少见的石雕艺术品。塔背面保存有高平县令王希鹏撰写的《大唐舍利山禅师塔铭记》一方，详细地记载了大愚禅师一生的传奇经历和修建寺院的功德以及他圆寂后的造塔始末，对于研究开化寺的修建和演变是极为珍贵的文献资料。

开化寺大愚禅师塔

【第六章　法雨禅风】

北宋中期，地处中国北部的女真族兴盛起来，于公元 1115 年建立金朝。10 年后，金灭辽，12 年后又灭北宋。以武力灭辽后，继承了辽代社会盛行佛教的风习，攻略黄河流域以至淮水以北的地区，更受到了宋地佛教的影响，因此，佛教对于金朝统治者来说，丝毫不亚于辽、宋对佛教的狂热，而且有了更大的发展。女真贵族统治的金朝占领中国北部地区以后，吸收宋、辽文化，逐渐汉化，征用大量汉族工匠建造宫苑、寺庙，因此金朝建筑既沿袭了辽代的传统，又受宋朝建筑的影响。现存的一些金代建筑有些方面和辽代建筑相似，有些地方则和宋代建筑接近。尤其是山西的金代建筑在地域差异上十分明显：北部承辽，爽朗健劲；南部沿宋，雅致秀丽。在建筑结构上反映了宋、辽建筑相互作用的结果。

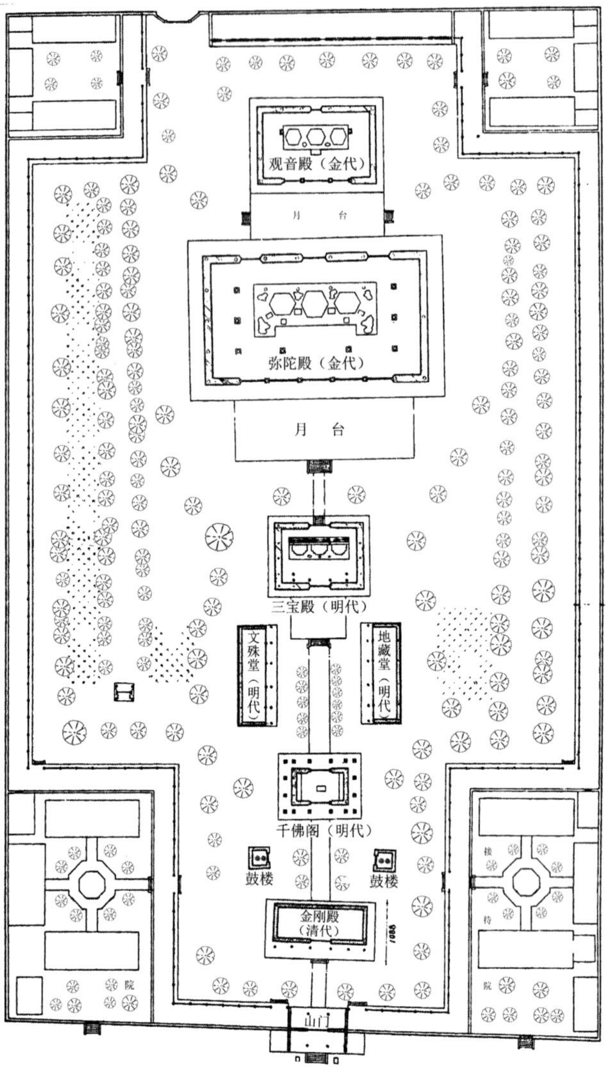

崇福寺总平面图

塞外巨刹——朔州崇福寺

朔州崇福寺是雁北地区著名的古佛寺，坐落于朔州市朔城区东大街北侧，俗称大寺庙。寺内殿阁巍峨，红墙碧瓦，气势雄浑，布局谨严。寺区长 200 米，东西宽 117 米，总占地面积达 23400 平方米。主体建筑山门、天王殿（金刚殿）、千佛阁、三宝殿、弥陀殿、观音殿依中轴线依次展开，两侧配以钟楼、鼓楼、东配殿（文殊堂）、西配殿（地藏堂），前后多达 5 重院落，是我省现存规模最大、总体建筑布局最完整的金代佛寺。

朔州崇福寺全景

寺内碑文记载创建于唐高宗麟德二年（665），由当时鄂国公尉迟敬德奉敕建造。辽代时，将寺院改为林太师的官署，称为林衙院或林衙署，辽统和年间（983—1012）又将衙署划归僧人管理，称为林衙寺。据《金史》记载："辽人称节度使为太师，金人称节度使为都太师。"太师也就是当时派驻地方的最高军事行政长官。舍宅为寺，废寺为宅，在中国古代是十分常见的事。女真人建立的金朝占据山西后，金熙宗大崇佛法，在皇统三年（1143）敕命开国侯翟昭度扩建寺院，在崇福寺内建了弥陀殿、观音殿和东西禅房，改寺为净土宗佛刹，使寺院更为宏敞。金天德二年（1150）海陵王完颜亮赐额"崇福禅寺"。此后，元、明、清历代均有修缮，但总体布局未变，现存弥陀殿、观音殿都是金代原构，其余建筑为后代重建。

弥陀殿是崇福寺的主殿，也是全寺文物精华所在，集金代的建筑、彩塑、壁画、装修于一体，均为金代原物。大殿平面长方形，面阔7间，40.96米，进深4间，22.31米，单檐歇山顶。殿身坐落在高2.5米的台基上，殿前另建有宽大的月台，将大殿衬托得更为巍峨壮观。殿顶青灰板瓦覆盖，绿色琉璃脊兽和剪边，正脊和垂背都用瓦条层层垒砌，仍保存着唐宋时期建筑的惯常做法。脊端的两只鸱吻，高3.5米，据琉璃上所留的匠师题记，制作于金皇统六年（1146），历经800多年的风雨雪霜，色泽仍然灿烂如新。

崇福寺弥陀殿

崇福寺弥陀殿梁架结构

崇福寺弥陀殿柱头斗拱

大殿的梁架结构采用辽金时期盛行的减柱和移柱的构造方式。为了增大殿内的空间面积，给供佛和礼佛活动创造宽敞的场所，在柱网的布置上，将当心间的金柱减至两根，并将所留的两根金柱移至次间中线，有效地扩大了殿堂的面积。由于柱网的变化，梁架结构进行了精心的设计、大胆的革新。大殿分内外两槽，外槽由乳栿和丁栿连接，内槽的四椽栿前端架于内额上。内额采用大跨度的复梁式结构，就是用长材构成上下两层结构，其间用斜材支撑，这种构造方式与现代复式梁架结构近似，可谓是人字形柁架的先驱。殿内脊槫下现仍保留着“维皇统三年”建造题记，是大殿建造的确切年代。在800多年前的金代木结构建筑中就普遍使用的这种复式结构，可谓是中华民族在建筑力学上的伟大创造。

弥陀殿中使用斗拱，分为柱头、补间和转角铺作三种。柱头使用七铺作双抄双下昂斗拱，斗拱的后尾挑承在殿内梁架下，起到了结构上的杠杆作用。前檐柱头与后檐补间铺作上除施用华拱外，左右各出45°斜拱，对外承托巨大的屋檐，对内减少梁架的净跨荷载，充分显示出金代建筑中使用斜拱的特点。

崇福寺弥陀殿匾

崇福寺弥陀殿格扇

弥陀殿的前檐，悬有“弥陀殿”竖匾一方，还是金大定二十四年（1184）的原物。前檐的中间5间装有隔扇门窗，后檐的明、稍间均为双扇板门。前檐装修是佛寺中使用隔扇棂花较早的实例。在唐代以前，殿宇的装修盛行板门和直棂窗，室内光线较为幽暗。从宋代开始，殿阁上使用隔扇门窗开始普及，不仅丰富了殿堂的外观，而且改善了殿堂的内部采光。弥陀殿上使用隔扇的做法，显然也受到了中原一带宋朝建筑的影响。弥陀殿隔扇上的棂花图案有15种，棂条的搭接方式上有六交、四交、双交几种结构，组成斜方格、四六方、套六方、团花等不同的形式。尤其是毬纹格式，与宋朝颁布施行的《营造法式》中“挑白毬纹格眼”做法极其相似，也可看作是宋、金建筑交流的结果。这些隔扇风格古朴、刀法洗练、制作精细、工艺极佳，是国内现存古建筑实物中极为罕见的珍品。

崇福寺弥陀殿佛坛

弥陀殿内正面砖砌佛坛4间，宽23.5米，高0.9米，平面呈倒“凹”字形，与五台山南禅寺唐代佛坛、大同华严寺辽代佛坛、长子法兴寺宋代佛坛形制相似，金代以后这种形式已不多见，弥陀殿仍袭故制，可谓是这种形式的尾声了。

坛上的9尊彩塑，都是金代的原作。主佛像3尊，中为阿弥陀佛，左、右观世音菩萨和大势至菩萨，合称“西方三圣”，一字形排列于佛坛上。主佛像旁分列4尊胁侍菩萨，佛坛前端两角各置护法金刚一尊。主佛像高8米，结跏趺坐在六角形束腰须弥座上。主佛像均两耳垂肩，头上饰有螺髻，身披袈裟，面相慈祥而稳重，尚存唐、宋造像丰满俊逸的风格。观世音和大势至菩萨，头戴花冠，神情自若，衣饰合体，造型上近于辽、金壁画上贵族的衣饰和气质。4尊胁侍菩萨，高4.75~5.52米，身姿微倾，衣饰华美，尚存唐塑风格。护法金刚，均为5米多高的大像，着武士装，横眉怒目，威风凛然。全堂彩塑形神具备，表现了金代彩塑艺术的高超技艺。

崇福寺弥陀殿主佛像 1

崇福寺弥陀殿主佛像 2

崇福寺弥陀殿主佛像 3

3 尊主佛像的身后，都设有高大的背光，尤其是阿弥陀佛后的背光，高达 13.3 米，顶端直抵梁架，两次间菩萨的背光稍低，每面也达 12 米，堪称背光中的巨作。背光以木柱枋为骨干，根部埋入地下固定，上部与建筑梁枋连接。骨架上以荆条编织成网状，网上以胶泥浮雕大面积的缠枝花蔓，边缘设以火焰纹，满面透空，质薄如扇。花蔓的中心施有白线，蔓上涂以青绿色，其上又浮雕以团花、云朵和飞天。造型精巧，线条流畅，一气呵成，有金属制作的质感，具有相当高超的工艺水平。

崇福寺弥陀殿胁侍菩萨像

崇福寺弥陀殿壁画

殿内四壁原满绘壁画，现存321平方米，大部分为金代原作。壁画的内容以说法图为主，分为10组。后墙4组，两山墙各3组，以10尊约高4米的佛像为中心展开画面，场面沿袭了唐代寺观壁画雄浑壮阔的气势，主佛均结跏趺坐于莲台之上，作说法印，神情专注。佛两侧均有造型各异的胁侍菩萨，手执各种法器，姿态十分生动，为肃穆的宗教场面增添了生动的气息。南壁西尽间绘有千手千眼十八面观音巨像一幅，东尽间绘三佛三菩萨，分上下两排。全铺壁画流畅自然，一丝不苟，绘画技法上采用了重彩平涂技法，设色以朱红、石绿为主，间以白、蓝、黄、褐等色，在菩萨的花冠和衣饰上施以沥粉贴金，在古朴雅致中又不失富丽堂皇的艺术效果。

崇福寺弥陀殿壁画

崇福寺观音殿立面

崇福寺观音殿梁架

在寺院的最后一进院落中，有一座精巧的殿堂，称为观音殿，是仅次于弥陀殿的金代建筑。大殿面宽 5 间，进深 3 间，单檐歇山顶。前檐下正中悬有“观音殿”竖匾一方，是明景泰四年（1453）威德将军京兆杜学文所书。大殿内前槽的金柱全部减去，后槽的 4 根金柱设在佛座的两侧，殿内空间极为宽阔，为礼佛活动提供了便利。由于殿内减柱，梁架结构相应发生了变化，最奇特的是施用了两重人字形叉手。除在平梁上使用叉手外，在平梁下方的四椽栿上也使用了人字形叉手，前后各横跨两椽，将屋顶的荷载均匀地分解在梁的两端，然后再传递到前后槽的金柱上，从而减少了大梁的荷载，结构精巧合理，力学传递流畅，奇巧的结构将中国古代木结构建筑技术发挥到了极致。大殿的檐柱上施有六铺作斗拱，昂为批竹式，形制手法与弥陀殿的斗拱相似，同为金代的遗构。

崇福寺千佛阁正立面图

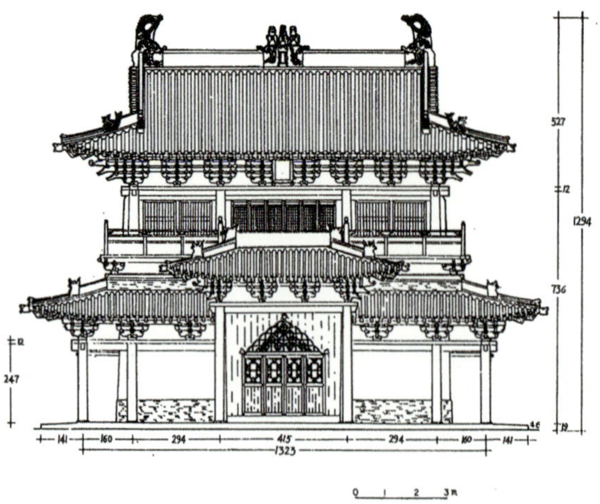

崇福寺千佛阁

净土寺大殿

净土莲影——应县净土寺

净土寺在应县城内著名的应县木塔东北，俗称为北寺。清代编撰的《应州志》记载，寺院是金“天会二年（1124）僧善祥奉敕创建，金大定二十四年（1184）僧善祥重修。”是金朝的第二位皇帝完颜晟为其生母在应县所创。

金朝帝室对佛教的崇拜和支持，开始于金太宗完颜晟时期（1123—1135）。传说金太宗常于内庭供奉佛像，迎旃檀像于燕京悯忠寺（今北京法源寺），每年都要设会、饭僧。女真人建立金朝后，攻城略地，以武力灭辽后，继承了辽代社会盛行佛教的社会风气，攻占北宋都城汴京后，占领了黄河流域以至淮河以北的地区，与南宋对峙。虽然朝代更迭了，但宋地的佛教的影响却深深地在女真人的心中扎了根。为了强化黄河以北地区原北宋所辖人民的管理，在这里大力提倡佛教，营建寺塔，在河北和山西的北部修造佛寺蔚然成风。

净土寺大雄宝殿顶琉璃吻兽

净土寺在佛教中属于净土宗。净土宗是中国佛教的一个宗派，由于是专修往生阿弥陀佛净土的法门，后世就称它为净土宗，又称莲宗。净土宗以普贤为初祖，主张念佛往生，由于修行方法简便，人人都能做到，故自中唐以后广泛流行，很快普及于一般社会，有所谓“家家弥陀佛、户户观世音”的说法。净土宗立祖之说形成于宋代，以庐山慧远为始祖。慧远是山西雁门楼烦，今原平（崞县）人，青年时曾随高僧释道安在太行恒山弘法，后隐居庐山。其后东魏时雁门人昙鸾（476—542）在并州（太原）、汾州（汾阳）弘扬净土学说，唐、宋时成为北方佛教很有影响的佛教宗派。金太宗信仰弥勒之说，便在他的生母出生地应县建造了这座寺院。

净土寺原建规模较大，全寺建筑分布在东西两条轴线上，寺内原有山门、天王殿、钟鼓楼、东西配殿、大雄宝殿、后殿、藏经楼、舍利塔，布局谨严。现仅存大雄宝殿和西配殿，其余均毁于“文化大革命”期间。

大雄宝殿是寺内主殿，金代遗构。殿前设低矮的台基。平面呈方形，面宽 3 间，进深 3 间，单檐歇山顶。殿顶平面坡度平缓舒展，饰以琉璃脊兽和方心，檐头施以琉璃剪边。殿内梁架采用减柱造，整个大殿仅设后槽两根金柱，檐下斗拱四铺作，昂为琴面式，为唐宋间的惯常做法。角柱有明显的生起和侧脚，屋顶和屋脊呈现出一条优美的弧线，较之唐代建筑平直的线条更为柔和，给人以端庄协调之感。大殿当心间辟有四扇五抹隔扇门，斜格棂花，两次间设槛窗。大殿在金大定，明景泰、成化及崇祯年间有过多次重修，但整体结构的原貌尚存，是山西北部地区金代建筑中的上乘之作。

殿内后槽设有两根内柱，柱间砌有扇面墙。墙正中绘毗卢佛、迦叶和阿难，其他三壁绘有佛、天王、金刚等佛教人物壁画95平方米，画面构图规范，设色艳丽，具有明清时期北方民间的画风。

大殿内金代建造的藻井和天宫楼阁，制作精美，是全殿的精华，也是金代小木作技术成就的代表作。殿内以梁架划分为9格，分做成9个藻井，分别做成四方、六方和八方不同的形式。在天花的东西北三面沿墙顶做出一圈天宫楼阁，当心间中部的藻井最大，藻井下设有天宫楼阁，中央背板上绘

净土寺大雄宝殿殿内壁画塑像

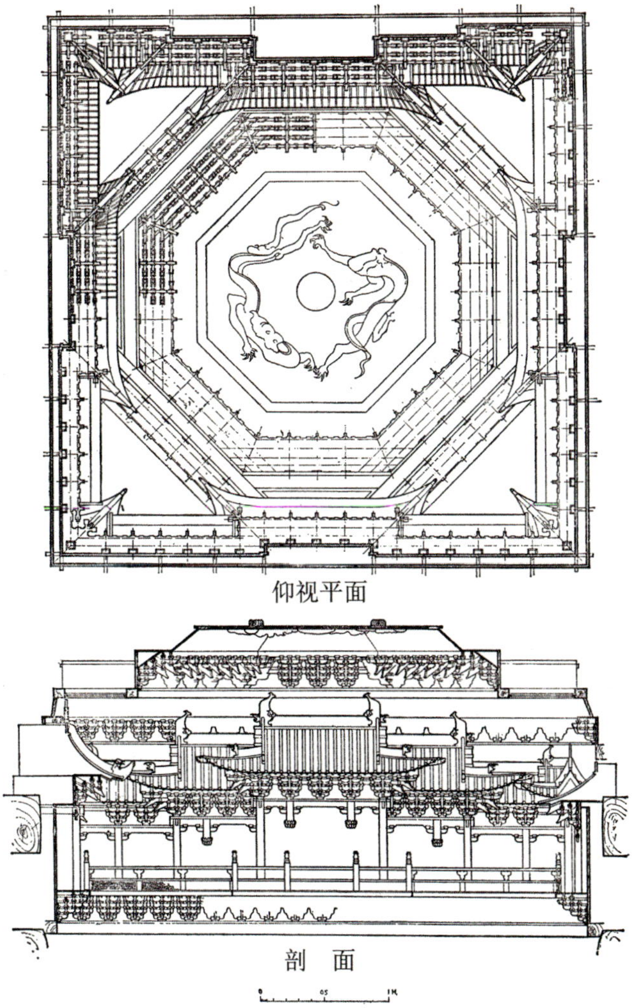

净土寺大雄宝殿明间中部藻井平、立面图

净土寺大雄宝殿藻井图案

雕金龙二条，张牙舞爪，形态生动。藻井中的天宫楼阁皆为建筑缩小比例而制，表面皆贴有金箔，显得辉煌闪烁。次间中央藻井中仅在斗拱上施金，其余各口藻井只在斗拱中的小斗上用金，在幽暗的殿堂内金光闪烁，如同夜空中的繁星，不仅突出了中央藻井的主尊地位，而且营造出极乐净土世界的美好景色。

天宫楼阁以明间藻井中雕刻最为精美。楼阁下方置有平座，外设勾栏，望柱和平台。平坐斗拱五铺作双抄，檐下斗拱分六铺作和七铺作两种，还有出四跳华拱和双抄双下昂形式的。楼阁的屋檐上覆以瓦垅、脊兽，制作精细，与大型建筑的做法完全相同。大殿内原供养西方三圣的一佛二菩萨，每间一尊。故

在每尊塑像的上方各置藻井一方，精工华丽，突出塑像的地位。其余的天花板上安置 6 个不同形式的藻井，分别做成四方、六方、八方等不同的形式，井口较主藻井浅许多，主次关系十分明显。藻井外的天花板上彩绘有龙、凤图案，以示吉祥如意，梁枋间绘有团花和锦纹，重点部位贴有金箔，图案用金技术极为纯熟。

应县净土寺大雄宝殿中的这方藻井，与大同下华严寺薄伽教藏殿辽代壁藏、晋城二仙宫的宋代天宫楼阁，同为我国宋、辽、金时期小木作的精华，代表了这个时期小木作工艺的水平。

净土寺大雄宝殿藻井图案

岩山寺外景

彩壁灵光 ——繁峙岩山寺

岩山寺坐落于五台山北麓繁峙县天岩村，古时属五台山寺庙之一。自古以来，塞外的少数民族信徒，每年在佛诞之日，都要远道而来朝拜五台山，岩山寺是香客进入五台山的第一站，称为五台山寺庙的北门。金、元之际，寺院成为五台山大华严寺（今显通寺）真容院（今菩萨顶）的下院，香火隆盛，规模颇大。入清以后，随着五台山佛教教势的衰落，寺院香客稀少，布施贫乏，在历史上曾兴盛了数百年的岩山寺几乎被人遗忘。20 世纪 50 年代初期文物普查时被重新发现，定为明清建筑。直到 1973 年，国家文物局组织专家复查文物时，发现寺内的文殊殿和殿内的壁画为金代原物，且有匠师题记，精美的金代壁画艺术震惊了学术界，引起中外人士的瞩目。

岩山寺文殊殿

岩山寺古称灵岩寺、灵岩院。寺内碑文记载北宋元丰二年（1079）时建有寺院，金正隆三年（1158）重建，设水陆道场，并建文殊殿5间，至金大定七年（1167）绘制完成殿内壁画。宋、辽时期这一地区是宋、辽交战的战场，设水陆道场正是为超度“阵亡者”而设。寺坐北朝南，两进院落布局，中轴线上原建有天王殿、文殊殿、弥陀殿（已毁，仅存基址），两侧仅存伽蓝殿、地藏殿和鼓楼，占地面积约8800平方米，现存的建筑除文殊殿外，其余均为清代重建。

文殊殿俗称南殿，亦称菩萨殿。殿身面阔5间，进深3间，单檐歇山顶，面积90平方米。殿基青石砌筑，高0.45米。殿前后当心间辟门，两次间设窗。梁架结构采用减柱造，殿内空间宽阔。大殿的台基、柱子、墙壁均为金代重建时的原物，元延祐二年（1315）时维修了梁架、斗拱和屋顶，但殿内的佛坛和彩塑以及四壁的壁画均为金代原物。

殿内中心设有长8.96米、宽6.35米的佛坛，坛上面积约为大殿内面积的二分之一，坛高约0.55米，束腰须弥式，上下沿

岩山寺文殊殿倒坐观音像

岩山寺文殊殿殿内佛坛

均有莲花，束腰内设有壶门，内雕有牡丹、佛手、石榴、宝相、菊花、火焰等图案，制作精雅，是典型的金代砖雕佛坛。坛上原供有彩塑 14 尊，现仅存 8 尊，文殊菩萨驾狮居中，左右各有高 2.2 米的胁侍一尊。文殊像已毁，但狮座尚存。前沿的两尊金刚只余右侧一尊，高 2.9 米，彩塑面相端庄，服饰、神态尚存唐代遗风。殿内保存较完整的彩塑是位于扇面墙后的水月观音。观音作游戏坐姿，是宋、金时期较为流行的坐姿，头束高髻，胸饰璎珞，腹结彩带，左手撑于台座之上，右臂搁于膝上，面目清秀圆润，神态安详自然，造型生动自然，是不可多得的金代彩塑精品。

文殊殿内四壁共保存有金代壁画 134.42 平方米，其绘画技艺之精湛，表现内容之丰富，堪称我国金代寺观壁画的精华，具有很高的历史和艺术价

岩山寺壁画 楼阁

岩山寺壁画 宫城

值。据寺内碑文和壁画上的题记，这组壁画是时年68岁的“御前承应画匠”王逵及王遵等人在金大定七年（1167）绘制完成的。王逵原是北宋画师，生于宋元符二年（1099），靖康二年（1127）金兵攻破宋都，掳掠徽宗、钦宗二帝及财物、百工北返。王逵其年28岁，可能是经北宋入金的。其画艺精纯，被委以“御前承应画匠”。“御前承应画匠”在金代不属专业画师，因为据《金史》记载，金代不设画院，宫廷中的绘画之事由掌管工事的少府监承办，王逵自然也就是少府监下的专门画师。王逵在岩山寺作画，用了整整10年时间，耗费心血立意构图，留下了这组彪炳金代画史的壁画艺术杰作。王逵学艺在北宋，在他的画中所表现的题材和内容除具有金代特点外，还描绘了北宋乃至更早时期的景物，因此他的画作对于研究宋代宫苑制度具有重要的史料价值。

殿内西壁为佛传故事，描绘了释迦牟尼一生的事迹。画面中主要绘有一组完整的宫城，城内外有宫殿，上方及两端绘有小型建筑和山石树木，画面高3.45米，宽11.1米，四周用粗细两道墨线勾阑。在宫殿和配景中，分别画有释迦牟尼从受胎、降生、沐浴、出游、苦修、成佛、度化、说法到涅槃等情节，整个画面浑然一体，各个细节又可独立成幅，构图完整，一气呵成，呈现为结构奇特的巨幅连环画。画面中最精彩的内容是绘制的宫城和宫殿形象，其表现的精确程度，甚至可以据此画出一幅宫殿的平面图。在史书的记载中，金代的中都（今北京）是一座仿自北宋东京汴梁（今开封）的宫殿而建造的宫城，其奢华的程度连南宋使臣都惊叹不已，可惜金代的中都在1215年

岩山寺壁画 宫殿

岩山寺壁画 夜半托生

被蒙古军队毁坏了。中国古代的都城除明清北京故宫外，大多已毁之不存。而岩山寺壁画中所表现的宫殿恰恰反映的是宋、金都城的形象，其历史和艺术价值自然不言而喻。

东壁画面高 3.42 米，长 11.6 米，布满整个东壁，四周界以粗细两道墨线边阑。正中绘释迦牟尼及二菩萨坐像，南北两侧绘有本生故事，是佛陀讲述的各种因缘、果报和比喻故事，用以教化他的弟子和信徒，其中《大方便佛报恩经》孝养品中须阇提（善生）太子割自身肉孝敬父母的情节，仍清晰可见。虽为佛教内容，表现的却是儒家的孝道思想，是佛教为迎合中国传统孝悌思想而创作的题材。鬼子母故事是佛传中常见的题材，鬼子母本名诃梨帝，译曰欢喜。她生有 500 个鬼子，故称鬼子母，她常常将别人家的儿子杀死并吃掉。人们将她的暴行告诉了佛陀，佛陀便派人将她的小儿子抓来藏在佛钵中。鬼子母找寻了 7 天都没找到，便来向佛陀询问。佛陀说："你有 500 个儿子，丢了一个，就这么烦恼，可世间百姓只有一个儿子，还被你吃掉。"鬼子母说："如果我能找到我的儿子，我就不吃人了。"于是佛便将她的儿子归还了她，鬼子母从此皈依佛法。她的儿子皆为鬼王，统数万鬼众。五百在天上，常扰乱诸天；五百在世间，常扰国界人民。佛为他们授了五戒，皈依正法，得到初果，住在佛的精舍中。凡人家无子息者，求之得子；有疾病者，祷之则安。故事由宫中宴乐、龙宫赴宴、龙王迎接、郊游、戏婴、驱妖等情节组成，用鬼子母改恶从善的故事劝导人们不要做坏事，回头是岸的道理。壁画中的各种情节皆用山水、云岚、树木连缀，如同一幅山水画，山重水复，楼阁高低错落，人物活动其间。东壁还绘有磨坊和碓坊，磨坊中的水打磨，机械构造精密，磨面和碓谷中的

岩山寺壁画 说法

每个细节都表现得十分精细，没有长期的对生活的细微观察和高超的绘画水平，是不可能创作出如此精美的作品的。

北壁被北门分隔为两部分。西隅画的是500名商人乘坐一艘大船，航海遇难，风坠罗刹国的故事。商人坠海后被扮作美人的罗刹女拘禁，将被逐一吞吃时，被观世音菩萨营救方免遭厄难，用来表现佛的慈悲和无处不在，构图形象逼真，表现出作者敏锐的观察力和娴熟的绘画技巧。东隅画了一座塔院，院中矗立着一座八角七层的高塔，塔顶重檐，塔底层左右加建了夹屋，正面突出重檐歇山的抱厦，结构精巧，形体秀美，这种特殊的形制在已知的实物中从未见过。城墙上建有敌楼，楼下为木柱，上为平顶，平顶上又建有用于瞭望的小棚，形如穹庐，宋代称为“白露屋”。

南壁两侧主要绘殿阁楼台和供养人像。画面中人物众多，内容广泛，情节多变，瑰丽动人。天上人间、宫廷生活、村舍民宅、牛耕农

岩山寺壁画 宫殿

岩山寺壁画 水磨坊

岩山寺壁画 宫殿

岩山寺壁画 水磨坊

岩山寺壁画 塔院

具、市井生活、海市蜃楼、烟雨云雾、山林园囿、大海行舟，具显丹青之妙。在高悬“村酒透瓶香”的酒楼上有达官庶民、乡野村夫各色人等，如同一幅巨幅卷轴展现了宋、金时期社会生活的世相百态。画面布局严谨适当，构图紧凑完整，在大面积绘有宫殿等建筑的空间中，又布满了人物，几乎每一方寸都加以利用，画面却密而不乱，远近分明，独具匠心。就建筑物的透视关系和画面的严谨而言，除北宋名画《清明上河图》中有这样的描绘外，很少有这样布局的作品。其建筑之瑰丽精巧、人物形象之生动逼真、服饰之典雅秀丽、设色之浑厚淳朴，堪称金代绘画艺术中的上品。

金代的绘画作品，在中国传世极少，署名作品更是寥寥无几，且多为卷轴画，大多出自文人的随兴之作。像岩山寺金代壁画这样既有确切年代，又出自宫廷画师之手的巨作，更属凤毛麟角。其绘制水平之高、表现场面之大、构图情节之复杂，与宋代绘画传世的精品相较，也毫不逊色，不仅是我国绘画史上光辉的一页，而且为研究宋金建筑、宗教和壁画艺术，提供了极为珍贵的史料。

【第七章　承前启后】

蒙古族挟大漠的雄风崛起于中国的北部，在公元7世纪开始登上历史的舞台。他们南下入侵中原，灭掉了金朝和宋朝，又向西扩张，侵占了中亚、东欧，成为版图空前巨大的蒙古帝国，促进了东西方文化的往来。作为元朝腹地的山西，元代的木结构建筑保存较多，有350多座，分布范围遍及全省各地，保存的建筑类型也十分丰富，有衙署、戏台、佛寺、道观、民居，许多都是国内少有的品类。宗教建筑多依唐、宋建筑的故址兴建，在总体布局上大多延续着宋、金时期的布局形式，许多建筑也沿用了唐、宋的规制。在建筑结构方面为扩大殿堂的使用面积，大多采用移柱或减柱的方法扩大殿堂的空间，大量使用大额式构架、自然材和弯材，建筑外观呈现出粗犷的气势，是山西元代建筑的主要特点。

永乐宫外景

全真圣地——芮城永乐宫

永乐宫原名“大纯阳万寿宫”，是一座奉祀道教“八洞神仙”吕洞宾的元代道教宫观。原建于芮城县西南20公里的永乐镇上，故称为“永乐宫”。1959—1965年迁至芮城县原西周古魏国都城的遗址上北龙泉村复原保存。

吕洞宾，道号纯阳子，本名吕嵒，唐代时蒲州人。据道藏及宫内碑石记载，唐贞元十四年（798）吕嵒出生于永乐镇的一个官宦人家，青年时醉心于功名，但仕途坎坷，直到64岁时才考中进士，后遇道教仙人汉钟离度化，遂弃官学道，浪迹四方最后不知所终。传说他在修道时常与妻子各据一个洞窟修炼，故名吕洞宾。吕洞宾曾散财济贫，同情百姓，他的理论又是以慈悲度人为成道路径，在民间流传着许多关于他的传奇故事。后来在北方兴起的道教全真派尊他为全真道北五祖之一，也称“吕祖”“纯阳祖师”。宋徽宗宣和元年（1119）封他为“妙通真人”，宋末时将他的出生地改建为吕公祠。金末时，吕公祠毁于火。元初时，道教全真派领袖丘处机带领十八门人赴西域拜见成吉思汗后受到宠信，吕洞宾又是这一派的祖师，于是元世祖忽必烈颁令重新修建纯阳道观，敕令升观为宫（大纯阳宫），派河东南北两路道教提点潘德冲主持营建，并在其北面九

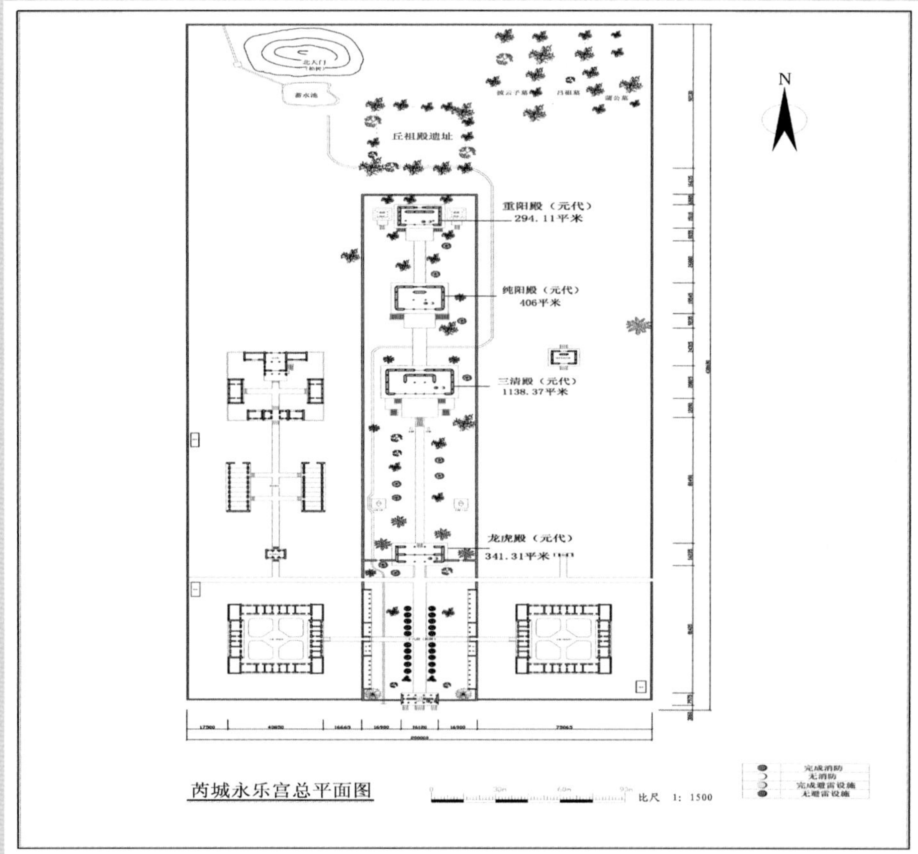

永乐宫总平面图

峰山（吕洞宾得道处）修建了一座纯阳上宫。这项规模宏大的工程自 1247 年开工，到 1358 年才竣工，前后费时 110 多年，几乎与元朝同始终。在当时永乐宫与元大都（今北京市）长春观、终南山重阳宫合称道教全真派的三大祖庭，现在只有永乐宫完整地保存下来，长春观、重阳宫皆已不存。

历经百年建造的永乐宫，布局严整，气宇轩昂，是道教建筑的代表作，也是元代官式（宫殿式）建筑的典型。宫址坐北朝南，主体建筑宫门（清代建筑）、无极门、三清殿、纯阳殿、重阳殿垂直排列于长达 500 米的中轴线上。三座大殿间用甬道相连，东西两面不设配殿廊庑，而用两道宫墙环绕。碑廊、吕公祠、祖师祠等附属建筑建在中心院落之外，总占地面积 86000 多平方米，建筑的布局不类传统寺庙的格局，而是按照皇宫的规制和道教的仪轨而建造。在建筑结构上吸收了宋代建筑和辽、金建筑中流行的“减柱法”，形成自己特有的风格。各殿四壁及拱眼壁上满绘精美的元代壁画，总面积达 1005.68 平方米，规模之大，是除敦煌莫高窟外，全国寺观中所仅见，绘画技法继承了唐、宋以来的优秀传统技法，又融会了元代绘画的特点，为我国绘画史上的杰作。

无极门又称龙虎殿，是永乐宫初建时的宫门，因殿内塑有青龙、白虎塑像而得名。砖石台基，高 1.8 米，殿前设有踺坡道，后檐凹字形踏道。面阔 5 间，进深 3 间，单檐庑殿顶，灰板瓦屋面，黄绿色琉璃剪边，正脊两端的一对龙形鸱吻，高达 2 米，怒目卷尾，姿态威猛。殿内设中心柱一列，板门三道均安设在中柱上，是典型的门庑建筑。门上悬有“无极之门”竖匾一方，系正奉大夫参知政事枢密副使商挺所书，笔力遒劲，字体健美。后槽两稍间三面墙壁上绘有元代守卫天仙界的天神 26 尊，人物壁画 80 平方米。

永乐宫“无极之门”牌匾

永乐宫龙虎殿

永乐宫三清殿立面

三清殿是宫内规模最大的殿宇，又名无极殿。因殿内原供有道教神话中玉清元始天尊、上清灵宝天尊、太清道德天尊，故名三清殿，是永乐宫的主殿。建成于蒙古中统三年（1262）。殿身建在高 2.38 米的台基上，前设月台，宽 15 米、深 12 米，台侧设有垛台各一，有蹉踏道可转折而上。面阔 7 间，进深 4 间，单檐庑殿顶，殿顶施以五彩琉璃兽吻，孔雀蓝盘龙大吻高达 3 米。殿内梁架采用减柱造，前槽及两稍间金柱全部减去，故殿内空间异常宽阔。殿内设有藻井和平綦，将梁架分隔为明栿和草栿两部分。藻井分圆形和八角形两种，均由五层斗拱叠置而成，顶心雕刻有盘龙，雕刻精细，设计精巧。四周饰以麒麟、花卉、人物等，千姿百态，五彩缤纷。殿周

永乐宫三清殿装饰

三清殿装饰

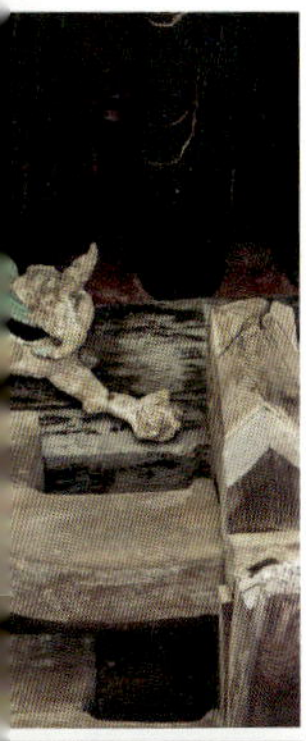

檐下施有六铺作单抄单昂斗拱，拱眼壁中彩画、泥塑相结合，为全国寺观中所独有，梁枋斗拱上的彩画图案色泽艳丽，图案丰富，仍为元代原作。大殿的前后檐装有隔扇门，其余皆筑以厚壁。殿内四壁及扇面墙前后共保存有元代壁画 429.56 平方米，描绘了 292 尊平均身高 2 米左右的神祇朝拜元始天尊的图景，被称为《朝元图》，是元泰定二年（1325）河南洛阳马君祥等

人所绘。画面中人物以对称仪仗的形式排列，以南墙的青龙、白虎二星君为前导，以南极、东极、紫极、勾陈、玉皇、后土、木公、金母8个帝后装的主像为中心，围绕主神有二十八宿、十二元辰等群像在画面上依次展开，四周围绕有群仙280多尊，其中有帝君、仙伯、真人、力士、天丁、金童、玉女等。前后排列4行，相互交错，井然有序，人物形态各异，画面中武

士骁勇剽悍，力士威武豪放，玉女端庄恭顺，文官沉稳宁静，表现出人物的不同性格与不同的内心变化。绘画吸收“吴带当风”的技法，人物服饰富有变化而线条流畅，飘逸流畅，充分发挥线条的表现力。用色采用重彩勾填法，设色以石青、石绿为主，间以朱砂、赭石，衣冠宝盖上施以沥粉贴金，色泽灿烂浑厚，线条流畅刚劲，层次分明，是元代绘画史上的杰作。

朝元图（永乐宫三清殿壁画）全图

永乐宫纯阳殿立面、牌匾、装饰

纯阳殿，又名混成殿，是供奉道教祖师吕洞宾的殿堂，亦称吕祖殿，蒙古中统三年（1262）建成。砖砌殿基，高2.54米，殿前设有月台、甬道与三清殿相连。殿面阔5间，进深8椽，单檐悬山顶，灰筒板瓦覆盖，五彩琉璃瓦剪边，盘龙大吻。殿身平面进深自前至后逐渐缩小，不与前檐稍间对角相等，为平面布局中的罕见之例。殿内梁架采用减柱造法，整个大殿内仅用金柱4根，当心间和神龛上方设有平棊和八角形藻井两口，雕刻精美，将梁架分隔为明栿和草栿两部分。前椽明间装隔扇门，背面当心间装板门，四壁无窗，扇面墙和四壁上绘有元代壁画212.62平方米。纯阳殿内的壁画绘制于元至正十八年（1358），是禽昌县（今襄汾县）人朱好古和其门人张遵礼、李弘宜等画师绘制，内容为《纯阳帝君神游显化之图》，画面用52幅连环画的形式表现吕洞宾一生的故事，从降生、得道、成仙，到普度众生乃至游戏人间的传奇故事，每幅画上都有榜题。画面如同一幅卷轴画，深刻地展现了宋、金、元社会生活中各阶层人物的地位和活动。诸如平民百姓的日常起居生活、梳洗打扮、种田捕鱼、砍柴采药、喝茶闲谈；王公贵族的宫中朝拜、鸣锣出巡；乃至道士设坛、和尚念经等，社会万象跃然壁上，犹如浓缩的社会风俗画。画面中的街市、酒肆、茶馆、店铺、园林、建筑以及器皿、人物装束等真实地反映了宋、金、元时期的社会风貌，是当时社会生活的写照，为研究当时社会生活的重要史料。后檐门额上方绘有《八仙渡海图》和扇面墙后的《钟离权度吕喦图》为纯阳殿元代壁画的精华。《钟离权度吕喦图》又称《钟吕谈道图》，画面以虬枝古树为背景，远方奇峰耸峙，清流飞泻。师徒二人对坐于山前磐石之上，钟离权长髯飘拂，面色紫赤，前胸袒露，神情爽朗，右手撑于地面，似长谈已久，左手搁于膝上腹前，伸出两指，似在点化吕喦，前程只有仕途和仙道两条出路，急切之情，溢于言表。吕喦则端坐石上，儒生装束，面皮白净，双腿并合，双手拱于胸前衣袖之中，一只手指在不停地捏弄衣袖，似在犹豫不决。吕喦当时已有 64 岁，但其神态，犹如一个儒童。师徒形态刻画得恰如其分，栩栩如生，展示出双方极为深刻的内心世界，堪称元代绘画的不朽之作。

重阳殿是永乐宫中的最后一座殿堂，

永乐宫纯阳殿壁画

永乐宫纯阳殿壁画谈道图

因殿内奉有全真道的创始人王喆（号重阳）及其弟子而得名，也称七真殿、袭明殿，蒙古中统三年（1262）建。大殿砖砌台基，高 1.53 米，前设月台。殿身面阔 5 间，进深 4 间，单檐歇山顶。屋面灰筒板瓦覆盖，黄绿琉璃脊兽和沟滴。平面采用移柱、减柱造法，4 根金柱分置于稍间，纵向用额枋承托，檐头用斗拱承挑，斗拱后尾挑于榑下，开明代“溜金斗拱”制度的先河，梁架全部露明，梁枋断面不一，在构造方法上尚沿袭宋金“草栿”做法。殿前檐明次间装隔扇门，后檐当心间装板门，四壁无窗。殿内四壁及扇面墙前后绘有壁画 158 平方米。扇面墙背面绘三清及侍者像，主像在上，诸神持笏恭贺，侍女分侍两侧，面相丰满，衣饰富丽，天衣飘拂，表现了元代卓越的绘画成就。

永乐宫重阳之殿壁画 / 牌匾 / 藻井

永乐宫重阳殿斗拱

永乐宫重阳殿壁画局部

殿内四壁绘有《王重阳神话传记图》大型连环式壁画，主要内容是表现全真道创始人王重阳成仙得道的故事，画面从王重阳的降生开始，至其成道共49幅，每幅画面之间用山石、云雾、林木、河流等自然景色相连相隔，构成一个整体，故事情节一气呵成。每幅画的上角留有墨书榜题，画面题材丰富，画风与纯阳殿同属一畴。画面中所反映的街市、建筑、人物等均为宋、金、元时期社会生活的写照，具有浓郁的生活气息。

“纯阳去后千余年，朱甍碧瓦色正鲜”，永乐宫建成600余年，吕祖仙灵早已飘忽在外，唯有宫内建筑和壁画如同璀璨明珠，永存世间。

汉唐古刹——洪洞广胜寺

广胜寺位于洪洞县东北 17 公里的霍山南麓。寺院分上寺、下寺和水神庙 3 处。上寺位于霍山之巅，翠柏环抱，古塔雄峙。下寺在山麓，随地势起伏而建，高低错落，层次分明。水神庙建于下寺西侧，与下寺院墙相连，内供水神明应王，殿内元代戏剧壁画享誉中外。寺前古柏成荫，霍泉自山下磐石中喷涌而出，碧波荡漾，清澈见底，山清水秀，景色幽美。

据《平阳府志》《广胜寺志》等史籍记载，早在 1800 多年前，即东汉建和元年（147）就已创建了寺院，初名俱卢舍寺，又名阿育王塔院。至唐代时，寺内仅存古迹，大历四年（769），唐中书令郭子仪奏请重建，改称广胜寺。金代时寺院遭到兵火的严重毁坏，元大德七年（1303）又被 8 级大地震全部毁掉，元大德九年（1305）第二次重建。寺内现存主要建筑大多为元代遗构，是山西元代具有地方特点的典型建筑，明清两代多有修葺，遂成现状。

霍泉

上寺坐北朝南，三进院落，中轴线上建有山门、门楼、飞虹塔、弥陀殿、大雄宝殿和毗卢殿。前院为塔院，中院两侧建有东西廊庑，后院两侧分别有观音殿和地藏殿，寺东建有僧院，总占地面积约 10000 平方米。寺前为面阔 3 间的悬山顶山门，门下有金刚力士两尊，左右对峙。门内为塔院，飞虹塔矗立于院内中央，这种将塔布置于中轴线前端的布局，是汉唐以来固有的布局方式。飞虹塔建于东汉，屡经修建，现存为明代寺院住持僧人达连于明正德十年至嘉靖六年（1515—1527）间重建，距今已有 450 多年

上寺平面图

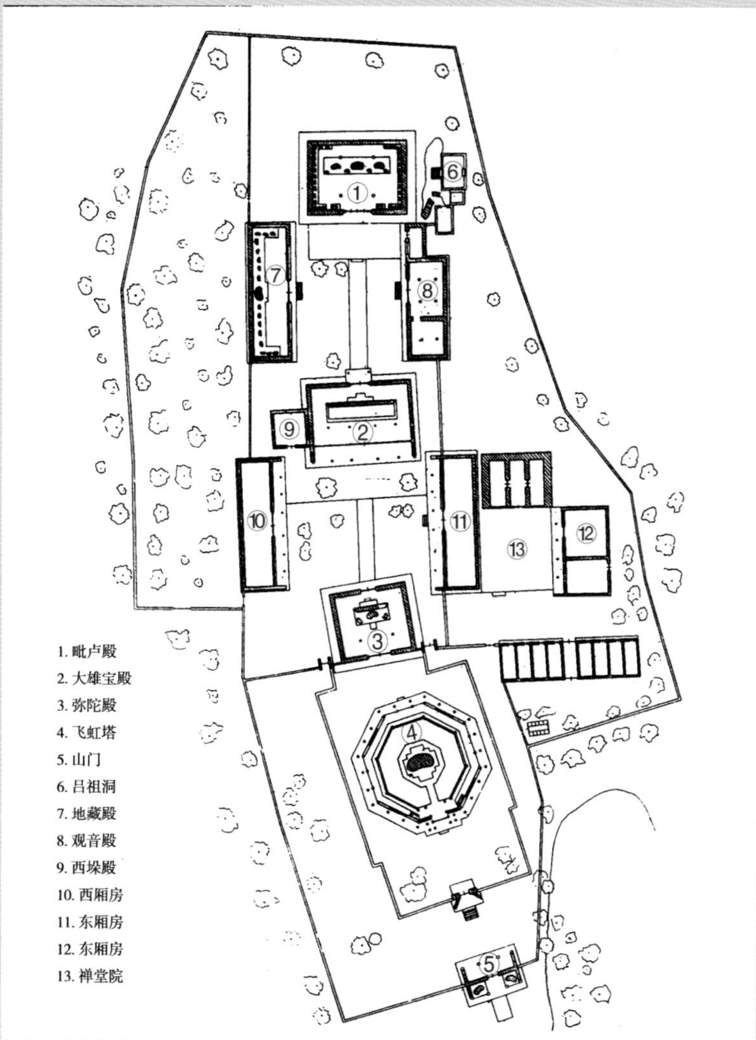

的历史。飞虹塔平面呈八边形，13 层楼阁式琉璃砖塔，总高约 47 米，明天启二年（1622）在塔底加建围廊一周。塔内中空，底层供有铜铸的释迦牟尼像，内壁镶以琉璃，叠起形如宝盖的琉璃藻井，四周饰有勾栏楼阁、盘龙、人物等。内设阶梯可登至 10 层，踏步以凿于壁间的孔洞在壁内转折而上，这种形制的古塔在国内也仅此一例。塔外壁全用蓝、绿、黄三彩琉璃装饰，富丽堂皇，五彩缤纷。2 层外壁四面辟拱门，每面正中塑天王像一尊，以上每层出檐，檐下有斗拱、倚柱、佛像、菩萨、金刚、花卉等各种琉璃构件和装饰，皆极精致，每逢晴空万里之时，阳光照射塔身，七彩交相辉映，如雨后长虹，光彩夺目。是国内保存最精美的一座琉璃塔，堪称我国琉璃塔代表作。

上寺飞虹塔

上寺飞虹塔细部

上寺弥陀殿立面

二进院落中的弥陀殿，因殿内供有弥陀佛而得名，明嘉靖十一年（1532）重修，在结构上基本还保持着元代的构造形式。殿身面阔 5 间，进深 6 椽，单檐歇山顶，前后檐明间辟门，四壁无窗。平面减柱造，整个殿内只有明间前后 4 根金柱，且金柱不设于明间两侧，而位于次间中线上，梁架在 4 根金柱上施用大额枋构成“井”字形框架，外围用 6 根斜梁由檐头伸至平梁下，直接承载屋顶的荷载，从而减少了两缝梁架，在结构上富有创造性。殿内当心间设有佛坛，上塑西方三圣，主像为铜铸的弥陀佛，高 5.34 米，两侧泥塑观音菩萨和大势至菩萨，比例适当，塑造精妙，为元代彩塑中的精品。东壁及扇面墙上满绘有三世佛及菩萨壁画。殿内东西两侧的经橱木架上，原存放有金皇统年间（1141—1149）平水版大藏经（即赵城金藏）7000 余卷，为稀世珍宝，现藏中国国家图书馆。

大雄宝殿，明景泰三年（1452）重建，面宽5间，进深6椽，悬山顶。殿内设佛龛3间，明间供释迦佛，两次间分供文殊、普贤二菩萨，均为木雕，面相端庄，神态自若。佛龛前上下分别雕有盘龙、鸟兽、山水、人物、花卉等木雕图案，木雕采用镂雕技法，图案玲珑剔透，具有很高的工艺水平。殿内两侧墙下分置铁铸十八罗汉，扇面墙背后塑有观音、韦驮等像，均为清代补造。中殿两侧建有韦驮殿3间，殿内绘有天神等武士形象，构图严谨，线条流畅，为明代作品。

毗卢殿为上寺最后一座殿堂，明弘治十年（1497）重建，面宽5间，进深4间，单檐庑殿顶。殿前设有低矮的月台，后墙紧依山石。殿前檐装隔扇门窗，其中明间隔扇和横披上镂雕着由6种圆形和对角相交的棂花，工艺十分精美。殿平面采用减柱和移柱造，将大殿的内柱减至4根，营造出宽阔的礼佛空间。内柱不设在明间两侧，而设在次间中线上，由于内柱的移动，梁架发生相应的变化，前后内柱上设置了长达3间的大内额和由额一道，两山施用大爬梁，构架奇特，用材粗犷，是元代建筑艺术富有成就的实例。殿内佛坛上中塑毗卢佛，东塑卢舍那佛，西塑释迦佛，佛前塑文殊、普贤、观音、地藏4尊菩萨，佛前塑有护法金刚两尊。两山墙及后墙置有木雕佛龛，内供铸铁佛37尊。龛上绘有五十三佛，均为清顺治年间重妆。殿后壁绘有释迦和十二圆觉菩萨，笔力流畅，设色浑厚，是明正德八年（1513）所绘。

上寺毗卢殿

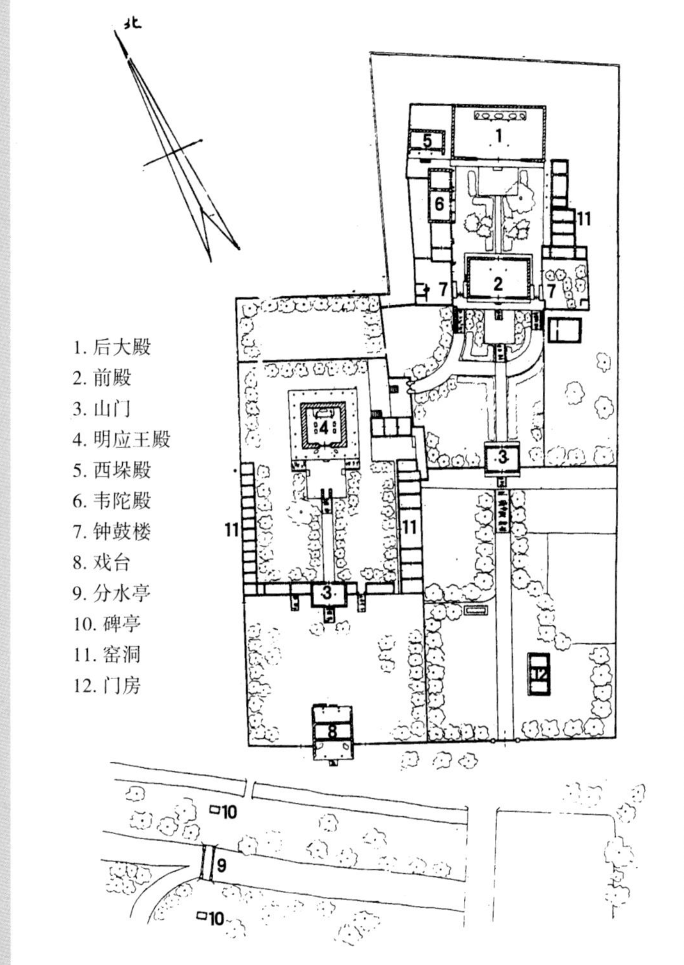

广胜寺下寺平面图

下寺坐北朝南，二进院落布局，中轴线上建有山门、前殿和后殿，两侧有钟鼓楼、西垛殿和廊房，占地面积约7600 平方米。山门原为天王殿，元代建筑。面阔 3 间，进深 4 椽，单檐歇山顶，前后檐下又加设雨搭，外观酷似重檐，造型十分别致。前殿为元代建筑，明成化八年（1472）重建。殿面阔 5 间，进深 3 间，悬山顶。殿内彻上露明造，平面采用减柱法，殿内仅用明间后檐 2 根金柱，其余全部减去，梁架施用大爬梁，改变了由平直梁栿承重的结构方式，构造奇特，设计精巧，是前所未有的大胆创造，为山西元代地方手法的杰作。殿前后檐明间辟门，两次间置直棂窗，外观稳定庄重。

下寺山门

下寺大雄宝殿内彩塑

下寺大雄宝殿（即后大殿）为元代至大二年（1309）重建。面阔7间，进深8椽，悬山顶。前檐中三间辟门，两稍间安直棂窗。殿内中央供三世佛，两侧为文殊、普贤二菩萨，与大殿同为元代遗物。各像造型丰满，衣褶披垂自然，虽经清代重妆和补修，但原作风韵尚未改变，尤其是普贤、文殊二菩萨所乘神兽呈卧姿，造型十分特殊。殿内四壁原满绘壁画，1928年被当地土豪劣绅和不法寺僧勾结帝国主义分子盗卖出国，现分藏美国堪萨斯城纳尔逊博物馆和费城宾夕法尼亚州立大学博物馆。现殿内仅西山墙上部残存有10平方米，内容为善财童子五十三参，描绘善财参拜53位智者的故事，色泽艳丽，画工精美。

水神庙内供奉明应王，故也称龙王庙，是一座风俗神庙。庙院后依霍山，前临霍泉源头，坐北朝南，两进四合院布局，中轴线上建山门（上为倒座戏台）、仪门、明应王殿，两侧的窑洞等建筑均为现代重建。明应王殿建于元延祐六年（1319），砖砌台基，高1.6米，殿身面阔5间，进深4间，四周围廊，重檐歇山顶。殿内平面采用减柱造法，仅后槽施用两根金柱，檐柱上施有五铺作双抄斗拱，结架严谨。前檐设板门，四壁无窗。殿内设神龛一间，上塑明应王坐像及侍者像，龛前塑官员像4尊，门外廊下塑官员像两尊，面相、衣饰和手

水神庙大殿

水神庙明应王殿元代壁画打球图

水神庙明应王殿元代壁画下棋图

法均为元代风格。

殿内四壁绘有壁画，共 222.59 平方米，是元泰定元年（1324）洪洞县和赵城县匠师绘制。根据画题：东西两壁分别绘制的祈雨图、降雨图、打球图、下棋图、卖鱼图、广胜上寺图、太宗千里行经图等；北壁绘尚食图和司宝图，描绘的是明应王的宫廷生活场景；南壁西半壁绘霍泉玉渊亭图，东半壁为著名的元代戏剧演出场景图。相传在每年的农历三月十八是明应王的诞辰，当地民众便扶老携幼，带着牲畜祭祀供奉水神，祈求来年风调雨顺、国泰民安。殿内壁画表现的就是当时的情景，生活气息十分浓郁。

水神庙明应王殿戏剧壁画

南壁东侧的戏剧壁画，画面上方横额上楷书“大行散乐忠都秀在此作场”，描绘的是当时演出团体正在登台表演的场景。演员有 11 人，7 男 4 女，其中一人正在帷幕后揭幕瞭望，台上演员生、旦、净、末、丑等各种角色俱全，有的还是女扮男装，乐队、舞台、帷幕、道具、戏装等一应俱全，台上还挂有绘制精美的布景。内容丰富多彩，生活气息浓厚，人物表情生动，笔法苍劲有力，生动地再现了当时戏剧演出的场景，是元代壁画中的佳品，也是我国戏剧史上珍贵的研究史料，对于认识元代时古平阳地区戏剧艺术具有不可替代的作用。

广胜寺的主体建筑在中国古代建筑科学的结构力学方面也有其独到之处，是山西元代建筑地方手法的典型代表。寺内元、明时期的壁画、木雕、铜铸佛像、彩塑及琉璃等文物，特别是原存于寺内的金代《赵城金藏》，对于研究古代宗教及印刷史均具有十分重要的价值。

森严巍峨——元代衙署

衙署是中国古代官吏用来处理公务的场所，是封建统治权力的象征。据《旧唐书·舆服志》记载“诸州县长官在公衙，亦准此。”开始在全国州县设立衙署。衙署建筑巍峨森严，渗透着封建制度的政治伦理，在中国古代的封建社会是重要的建筑。山西现存 3 座元代衙署大堂，分别为绛州、霍州两座州级大堂和临晋县衙，是古代十分珍贵的建筑类型。

绛州大堂位于新绛县城内西侧高垣上。新绛县古称绛州，传说衙署创建于唐代，唐太宗李世民曾命左领军大将张士贵在绛州设帐募军，时称“帅正堂”。唐朝大将薛仁贵就是在此投军从戎，征东平西，为大唐王朝立下了汗马功劳，最后在汾河湾筑台拜将。后成为历代统治者的办事机构，宋、元、明、清历代均有重修，但原有布局已毁坏，唯有元代重建的大堂独存。大堂坐北朝南，面阔 7 间，进深 8 椽，悬山顶，按全国州衙大

绛州大堂

堂规制通例为5间，而绛堂独为7间，是国内现存开间最大的元代大堂。前檐明间辟门，门前原有抱厦3间，已毁，基址尚存。前后檐柱粗壮，平柱下施有覆莲柱础，形制古朴，传说为唐代所遗。柱头斗拱五铺作双下昂，补间铺作使用真昂，昂尾挑于平槫之下，稍间斗拱后尾使用大斜梁直接挑至四椽栿下，在结构上将斗拱与屋架联为一体，手法上尚存宋金遗制。为扩大堂内使用面积，平面采用减柱和移柱法，堂内后槽金柱减去2根，仅用内柱4根。金柱间施用大额枋和由额，上坐大斗承载屋顶梁架。梁柱使用原始材料稍作加工后即使用，断面尺寸极不规整，风格古拙粗犷，形制、手法与山西现存其他元代建筑相似，为典型的山西元代地方建筑手法。大堂瓦顶施灰筒板瓦覆盖，檐头仅施檐椽而无飞椽，脊兽部分也已经后人修补而失去了原有风貌，但大堂古朴雄浑的外观仍不失昔日的威严。堂内后壁嵌有一方宋真宗御制的《文臣七条》碑一通。碑长方形青石质，高1.17米，宽0.69米，碑首题《宋真宗御制文臣七条》系后人所加。碑文楷书，记述了宋真宗赵恒在大中祥符二年（1009）颁发《文臣七条》的全文内容："一曰清心，二曰奉公，三曰修德，四曰贵实，五曰明察，六曰劝课，七曰革弊。"是宋代皇帝对臣子的训诫。碑石是宋建中靖国元年（1101）朝散大夫知绛州军州兼管内劝农事骁骑尉借紫时恪立石，至今已有1000多年的历史，在今天不仅具有历史借鉴价值，而且具有一定的现实意义。

绛州大堂柱础

绛州大堂梁架结构

绛州大堂前檐

绛州大堂《文臣七条》碑

霍州署仪门

霍州署位于霍州市城内东大街北侧，是一座创建于唐代的古衙署。相传唐代时曾为尉迟恭的帅府。据明嘉靖版《霍州志》记载，元代时州署已具一定规模，兼具元代帝王出巡时的行宫。元大德七年（1303）大堂被平阳地区大地震全部震毁，次年重修。至正十八年（1358）州署除大堂外全部建筑又毁于火灾。明洪武四年（1371）再次重建，明清两代屡有增建，现存大堂为元代原构，仪门、戒石亭明代重建，其余建筑均为清代再建。州署坐北朝南，分3条轴线布局，中轴线上自南而北依次建有谯楼、仪门、甬道、戒石亭、大堂、二堂、内宅等，东西轴线上的附属建筑大多已改建，现存霍州署占地面积约20000平方米，规模庞大，气势恢宏，是国内保存最完整的州级衙署之一。

仪门是州署的第二重大门，重建于明嘉靖年间。仪门砖石台基，高约2米，台前蹲有石狮1对，台中部设有踏道，门面宽3间，进深4椽，悬山顶。梁架结构是明代典型的五檩前廊式构架，柱头施有三踩单翘斗拱。明间设有板门，两次间筑墙，廊下存有历代碑碣，板门上方悬有“霍州署”金字牌匾。仪门东西两侧各建便门一道，东便门为“人门”，供人出入使用，西便门是“鬼门”，是古代刑犯出入之门。建筑高大雄伟，庄重肃穆，显示着官署的无上威严。仪门后是连接大堂的甬道，高出地面 1 米，是古代衙役站立两旁、迎送官员的礼仪之道。甬道中建有四柱三楼木牌坊一座，称为“戒石亭”。戒石亭原为一座石碑，南为“公生明”，北为“尔俸尔禄，民膏民脂，下民易虐，上天难欺”16 个字，是用来告诫官吏秉公执法的。

霍州署戒石亭

霍州署大堂

霍州署大堂梁架

大堂是衙署内的主体建筑，建在高约 1.2 米的台基上，基前设有宽大的月台，长 21.2，深 1.8 米。大堂面阔 3 间，进深 8 椽，悬山顶。堂内梁架彻上露明造，前檐开敞，后檐明间辟有板门，两山辟低矮板门可通向左右耳房。柱头斗拱五铺作架于大额枋上，用材加工粗糙，均为自然材料加砍刨后直接使用，是山西元代地方手法的固有规制。堂前置有明代增建的抱厦一座，面宽 3 间，进深 4 椽，卷棚悬山顶，柱头施有四铺作单昂斗拱，风格粗犷，与元代大堂颇为协调。

大堂内装饰朴实无华，既无雕梁画栋，也无彩壁绘墙，空旷的室内空间显得十分肃穆，较好地体现了衙署建筑不尚奢华的风格。

霍州署大堂角兽

临猗县的临晋镇，在元代时是临晋县衙署所在地。衙署坐北朝南，以中轴线布局分三层台阶式，依次为大堂、二堂、三堂，周围配以廊房，占地面积16000平方米，完整地保留了古代县衙的营造格局。

临晋县衙总平面图

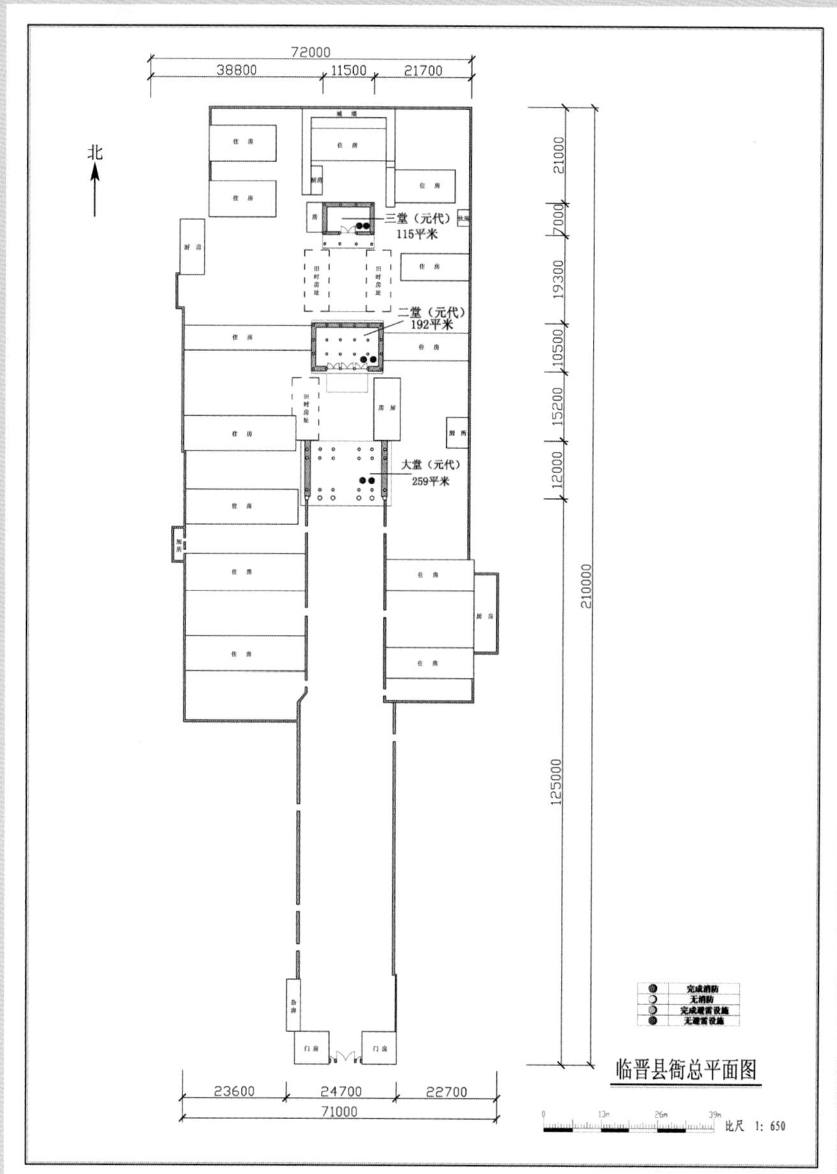

临晋县衙创建于元大德年间（1297-1307），明清两代及民国年间均有修葺，现存大堂的梁脊板上留有民国23年（1934）10月最后一次重修题记。现存主体建筑大堂为元代原构，是山西目前保留下来的3处元代大堂建筑之一。

临晋大堂

临晋大堂梁架

临晋大堂前檐结构

大堂面阔 5 间，进深 6 椽，当心间很宽，明显大于次、稍间，稍间又略窄于次间。大堂周檐用柱 14 根，柱网分布采用内槽当心间与次间“减柱造”，使堂内空间宽阔明亮。梁架彻上露明造，六椽栿直通前后檐用四柱。柱头斗拱五铺作双昂，琴面式假昂，柱头卷杀明显，柱底施有覆盆式柱础。现存建筑保存了元代构架，尤其柱子及大额枋用材硕大，当心间檐柱采用包镶柱造，是现有元代建筑不可多得的实例，具有很高的历史、艺术及科学价值。前檐额枋用材硕大，以 3 根大圆木制作，直径达 0.8 米，宏伟的气势增加了大堂的庄严气氛。

【第八章 落日余晖】

明、清是中国历史上最后两个封建王朝，可谓封建社会历史长河落日中的余晖。明朝是封建社会变革转折的一个重要时期，清朝则是一个超越前人、为后世引以为傲的历史时期，以康、雍、乾三朝为主体的前清文明，创造了空前绝后的社会财富和文化遗产。保存至今的古代建筑，主要是明、清两个朝代的。明、清两代的建筑较之于唐、宋时代的建筑缺少创造力，趋向程式化和装饰化，山西大型的古代建筑群都出现在这两个时代，中国古代建筑传统的优秀经验，仍体现在这些建筑之中。建筑的地方特色和多民族风格在这个时期得到了充分的发展。

五台山全景

梵天佛地——佛教圣地五台山

山西五台山是佛教大智文殊菩萨的道场，与四川峨眉山、安徽九华山、浙江普陀山共称“佛教四大名山”。2009 年联合国教科文组织以文化景观列入世界遗产名录。

台怀之冬

台怀之夏

五台山由东西南北中五座山峰组成，峰顶平坦如台，故称五台。东台望海峰、西台挂月峰、南台锦绣峰、北台叶斗峰、中台翠岩峰。五峰之外称“台外”，五峰之内称“台内”，台内以台怀镇为中心，周长约250公里。

五峰高耸的五台山是地球上最早露出水面的升迁陆地之一，它的孕育可以追溯到 26 亿年前的太古代。到震旦纪时期，又经历了著名的“五台隆起”运动，形成了华北地区最雄浑壮伟的山地。第四纪时期，冰川覆盖了五台山，留下了地质学上十分珍贵的冰缘地貌。

南台夕照

冰缘地貌

佛教传入五台山，普遍的说法是始于东汉。史籍记载，永平十一年（68），西域僧迦叶摩腾、竺法兰从洛阳来到了五台山，见这座山山势奇伟，气象非凡，和印度的灵鹫山（释迦牟尼佛修行处）相似，而且还在山前见到了古印度阿育王所造的舍利塔和释迦牟尼留下的佛足印，因此奏知汉明帝开始建寺。寺院落成后，以其山形命名为灵鹫寺，明帝命名为大孚灵鹫寺，即今天显通寺的前身，与洛阳白马寺同为中国最早的寺院。

佛足碑

台怀寺庙

北朝时期，北魏孝文帝对灵鹫寺进行了规模较大的扩建，并在周围兴建了善经院、真容院等 12 个寺院。北齐时，五台山寺庙增到 200 余座。隋朝初年，隋文帝下诏在 5 个台顶各建一座寺庙，即东台望海寺、南台普济寺、西台法雷寺、北台灵应寺、中台演教寺。盛唐时期，据《古清凉传》记载，全山寺院多达 300 所，有僧侣 3000 余人，成为中国北方地区的佛教中心。

五台山是中国佛教寺庙建筑最早的地方之一，历代修造的寺庙鳞次栉比，佛塔摩天，殿宇巍峨，金碧辉煌，形成规模宏大的五台山佛教建筑群。台内外现存佛寺 47 座，其中佛光寺和南禅寺是中国现存最早的两座木结构建筑。显通寺（灵鹫寺）、塔院寺、菩萨顶、殊像寺、罗睺寺被列为“五台山五大禅处”。五峰环抱的台怀镇是寺庙最为集中的地方，是五台山佛事活动和经济生活的中心。相传，五台山是文殊师利菩萨讲经弘法的场所，历史上印度、尼泊尔、朝鲜、日本、蒙古、斯里兰卡等国的佛教信徒，不远万里来此朝圣求法的甚多。金元以来藏传佛教传入五台山，出现了各具特色的青、黄二庙，是当今中国唯一兼有汉地佛教和藏传佛教的佛教道场。

敦煌 61 窟五台山全图壁画（局部）

碧山寺戒坛殿

不二法门

五台山现有建筑比较完整的寺院 95 处，其中国家重点文物保护单位 6 处：南禅寺、佛光寺、显通寺、广济寺、岩山寺、洪福寺；省级重点文物保护单位 15 处：塔院寺、菩萨顶、圆照寺、罗睺寺、殊像寺、碧山寺、南山寺、龙泉寺、金阁寺、尊胜寺、延庆寺、公主寺、三圣寺、惠济寺、石佛堂；其余为县级重点文物保护单位。从宗教活动场所的角度，被公布为全国重点寺院的有 11 处：显通寺、塔院寺、菩萨顶、罗睺寺、殊像寺、碧山寺、金阁寺、广宗寺、广仁寺、黛螺顶、观音洞。

五台山佛教组织以寺院为单位，按佛教传承之不同，寺院分为青庙和黄庙。青庙亦称和尚庙，僧侣大都为汉族，一般穿青灰色僧衣，称青衣僧。五台山大部分寺院属于青庙。青庙中又有十方庙和子孙庙之分。子孙庙按师徒关系实行家传制，外寺僧人不得在本寺担任职事。历史上五台山青庙多属子孙庙。十方庙可以接待四方来僧，在寺僧人亦可十方云游，组织管理实行选贤制。现在，根据中国佛教协会颁布的《汉传佛教寺院管理办法》，原来的子孙庙均已不实行家传制而改行选贤制，子孙庙和十方庙已无明显的分别。

黄庙亦称喇嘛庙，属于藏传佛教。五台山藏传佛教均属宗喀巴大师创立的格鲁派，信教喇嘛均穿黄衣，戴黄帽，称黄衣僧。明永乐年间（1403-1424），五台山始有青庙改成黄庙。清康熙时，敕令将罗睺寺、寿宁寺、三泉寺、玉花池、七佛寺、金刚窟、善财洞、普庵寺、台麓寺、涌泉寺等 10 寺改为黄庙。于是，青衣僧改为黄衣僧，汉喇嘛由此产生。现在，五台山有黄庙 8 处，即菩萨顶、罗睺寺、广仁寺、万佛阁、镇海寺、广化寺、观音洞、上善财洞。

菩萨顶

菩萨顶金刚舞

位于台怀镇北侧的显通寺是五台山五大禅处之一，也是五台山历史最悠久、规模最宏敞的一座寺庙。寺始建于东汉永平年间（58–77），初名大孚灵鹫寺，与洛阳白马寺同为佛教传入中国时所建的早期寺宇。北魏孝文帝时扩建，唐代重修，并更名为“大华严寺”。明初重建，太祖赐额“大显通寺”。随后寺僧分裂，塔院寺与菩萨顶分庭独立，自成格局。显通寺仅留中心部分，东向另辟山门，清又重建，始成今日规模。现存建筑为明、清两代所建。

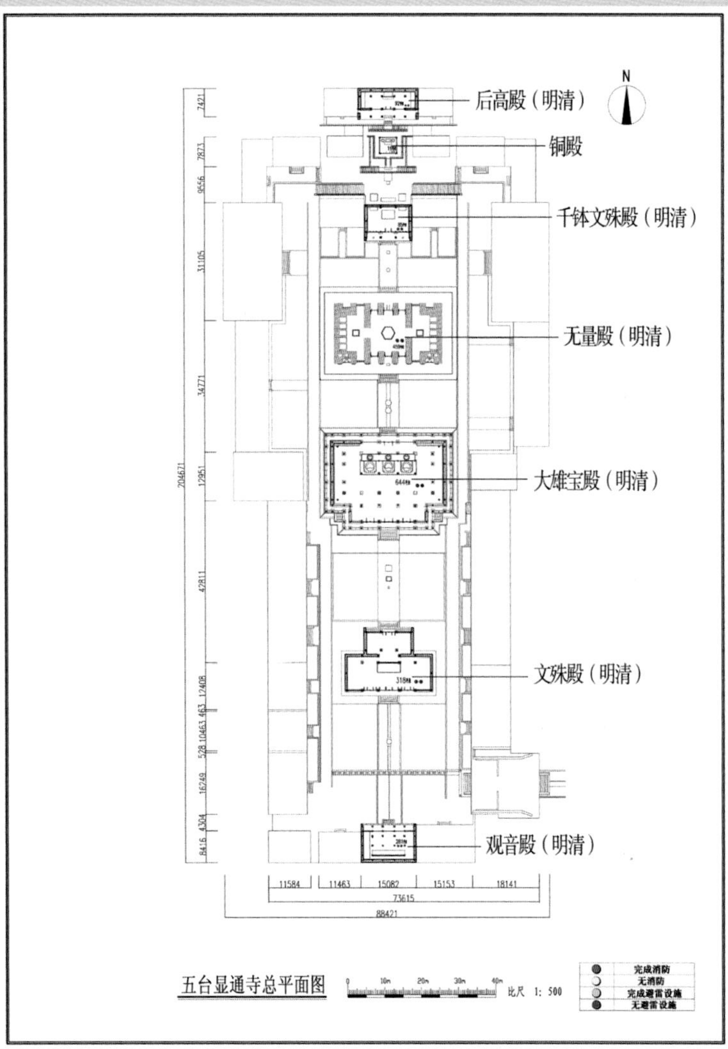

显通寺总平面图

显通寺坐北朝南，面积近 80000 平方米，寺内古木参天蔽日。中轴线上观音殿、文殊殿、大佛殿、无量殿、千钵文殊殿、铜殿和藏经殿七进殿宇依次分布，左右两侧厢房、配殿、僧舍、厩库、禅堂、方丈院等殿宇楼阁共 400 余间。布局紧凑严谨，宏敞雄伟。大佛殿即大雄宝殿，是举办盛大佛事活动的场所，为全寺主体建筑，清光绪二十五年（1899）重建，面宽 7 间（实则 3 间），进深 4 间，重檐歇山顶，四周环廊。殿内额悬有清康熙皇帝御笔的木匾"真如权应"。佛坛上主佛 3 尊并列，山墙下为十八罗汉，与殿宇为同期遗物。

显通寺大雄宝殿

显通寺无量殿

无量殿即七处九会殿，为砖结构建筑，由上下两层组成。面宽明 7 间暗 3 间，进深 4 间，高 20.3 米，砖券歇山顶。殿宇正面每层设 7 个阁洞，上嵌砖雕匾额，外檐砖瓦雕斗拱花卉，内雕藻井悬空。造型独特，风格雄浑，是中国砖石建筑的优秀作品。殿内供无量寿佛，存八角十三层木质古塔，高约 10 米。

显通寺铜殿

铜殿为明万历三十四年（1606）青铜铸造，3 间见方，高 8.3 米，重檐歇山顶。殿身比例和谐，铸造工精，青铜鎏金，柱额花纹，隔扇棂花，全以铜铸勾勒而成。殿内供奉铜铸骑狮文殊像，周围铜壁上铸满小佛像万尊。整个铜殿左右两侧有明万历三十五年（1607）铸造的青铜塔两座，高 8 米，八面十三级，满铸佛像，极为精致。

塔院寺在显通寺南侧，原是显通寺的一部分，寺内白塔为元大德六年（1302）由尼泊尔匠师阿尼哥设计。明永乐年间独立起寺，与显通寺分开，取名为塔院寺。人们进入台怀镇，首先映入眼帘的就是高大的塔院寺白塔，常被人们看作是五台山的标志。

塔院寺全景

塔位于大雄宝殿和藏经阁之间，高 75.3 米，周长 83.3 米。塔基折角方形，上施须弥座，塔身形如宝瓶，上部为十三天，顶部饰有华盖、仰月、宝珠等，全部为铜铸。塔上系有垂带，悬有 252 个铜铃。塔顶盖有铜板 8 块，以乾、坎、艮、震、巽、离、坤、兑 8 个方位安放，铜板的周围悬挂有 36 块铜质垂檐，每块长 2.3 米，宽 0.7 米。塔刹为风磨铜，高 4.5 米，四周以铁索拉固。刹身正南面有铜铸盘龙牌匾，内镌铭文“慈圣宣文皇太后重建，释迦佛真身舍利宝塔，大明万历九年四月初八日造”。刹身南端铸有螭首、龟座铜碑一通，上铸“寿阳长宫主等四位潞王大明万历皇帝仁圣懿安皇太后慈圣宣文皇太后中宫皇后昭妃宜妃端妃各宫九嫔等万历壬午年孟秋吉日立”碑文。檐廊下设有铜制转经筒，砖券洞内嵌有释迦牟尼佛足碑，佛足印高 0.51 米，宽 0.2 米，足心有千幅轮相和鱼剑图，是蒙、藏佛教徒必朝之地。

塔院寺白塔

文殊发塔

大白塔东面是一座高约 7 米的喇嘛式砖塔，称“文殊发塔”。塔始建于元大德五年（1301），明万历二十四年（1596）寺僧圆广道人重建。传说有一年，塔院举办无遮大会，有位蓬头垢面的妇女领着两个小孩和一条小狗，手拿一绺头发对放斋的执事僧说：“法师啊，我身无分文，用这绺头发做施舍行不行？”执事顺手把头发扔到一边，让人盛了 3 碗粥给她。贫妇又说：“狗有生命，也该给一份。”执事又勉强给了一份，贫妇却说：“我腹内有子，尚须分食。”执事面露怒色：“你真贪得无厌！”贫妇脱口而出：“苦瓜连根苦，甜瓜彻蒂甜，是吾超三界，却被阿师嫌。”说罢，跃身腾空，变成文殊菩萨，孩子变成仙童，狗也变成座下雄狮。众僧斋客望空便拜，执事僧悔之不迭。后来把这绺头发建塔藏之。塔雕饰精致，玲珑小巧。

塔院寺的正殿为大慈延寿宝殿，为万历年间建成。殿内佛坛上安置有一佛二菩萨，左为文殊，右为普贤。佛两侧立有释迦的迦叶和阿难尊者，东西山墙下塑十八罗汉。殿内存康熙、乾隆、嘉庆御书“景标清汉”“揽妙曼云”“尊胜法幢”木匾 3 方，殿前檐下悬“大慈延寿宝殿”木匾一方。

大慈延寿宝殿木匾

白塔后方是塔院寺大藏经阁（后高殿），砖石台基，宽 25 米，深 13 米，高 0.85 米，殿身面宽 5 间，进深 6 椽，二层硬山顶，前檐施隔扇门窗。殿内供转轮经藏，为一木制经架，平面六角形，33 层，高约 10 米，中设转轴，每层设若干小阁放置佛像、经卷，现供奉现代小佛像 1000 余尊，大佛像 8 尊，明代塑像 11 尊。并保存有宋至清代汉、满、藏文经书 7940 余册。阁前一层檐下悬清康熙二十六年（1687）御书“金粟来仪”木匾一方，二层正中上方悬清乾隆“两塔今唯一尚存，既成必坏有名言，如寻舍利及丝发，未识文殊与世尊”诗匾一方。

塔院寺大藏经阁

塔院寺乾隆诗匾

菩萨顶位于台怀灵鹫峰山巅。相传文殊菩萨就居住在山顶上，故称菩萨顶，亦称文殊寺。原为青庙，初建于北魏孝文帝时期（471－499）。明永乐年间（1403－1424）蒙古和西藏的黄教喇嘛常到该寺居住，菩萨顶就逐渐成了他们集中活动的场所。清顺治年间（1644－1661），经过扩大重修改为黄庙，由喇嘛主持，康熙、乾隆皇帝朝

菩萨顶全景

菩萨顶院内景

康熙皇帝手书“五台圣境”匾

台时多宿于寺中。寺坐北朝南，东西长 83.58 米，南北宽 199.2 米，占地面积 16649 平方米。寺分前后两部分。前部居高，三院并列，中院中轴线有影壁、108 级台阶、“灵峰胜境”木牌坊、天王殿、大雄宝殿、文殊殿、文殊堂、藏经楼，轴线西侧为行宫院，东院为碑院；后部为后院，中轴线建有文殊堂和后殿，两侧为僧舍等，有殿堂房舍 430 余间，均为清代重建。参照皇宫模式营造，瓦为黄色琉璃瓦，砖为青色细磨砖，为五台山诸寺之首。

菩萨顶文殊殿

清朝政府非常重视利用黄教（藏传佛教）来加强对蒙古、西藏的统治，鉴于蒙古、西藏人民非常尊敬文殊菩萨和崇仰五台山，就用鼓励他们佛教徒朝拜五台山的办法来融洽民族关系，史称“以黄教绥柔蒙藏”。

菩萨顶文殊殿，俗称滴水殿，因大殿檐头长年滴水而得名。殿基青白石须弥座，宽 19.5 米，深 14 米，高 1 米。殿身面宽 3 间，进深 6 椽，单檐庑殿顶，殿顶覆以黄色琉璃瓦，前檐施隔扇门窗，殿前置重檐抱厦。殿内供释迦佛，两侧供普贤、观音、十八罗汉等塑像 25 尊，《甘珠尔经》720 卷。殿内藏有藏族信徒供奉的 12 幅藏画精品，包括相传为乾隆亲笔所绘的金色菩提树画。

菩萨顶大雄宝殿，又称大佛殿。殿基青白石须弥座，宽 16 米，深 16.5 米，高 0.8 米，殿身面宽 3 间，进深 6 椽，四周围廊，单檐歇山顶，前檐明间装隔扇门，殿前置重檐抱厦。殿内供释迦佛、宗喀巴等塑像 10 尊。

解州关帝庙“万代瞻仰”石坊

武圣关公——山西的关帝文化

关羽，在中国古代影响极大，被尊为武圣人，是家喻户晓的历史人物。绵延5000余年的中华民族古代文明社会，曾经是一个英才辈出的漫长历史过程。在这已经逝去的悠悠岁月中，那些曾经在中国古代文化发展史和文明发展史上做出卓越贡献的历史名人，浩如烟海，灿若繁星。然而，在中国古代层出不穷的名人之中，被后世戴上炫目光环并尊之为“圣人”者，却为数不多，其中就包括被民间尊称为“文圣”的孔子和“武圣”的关公。在经过上千年的演变，民国时期，关羽被尊统管儒释道三教、人鬼神三界的关圣大帝，受到中国乃至海外华人的普遍信仰，影响之大、范围之广，在5000年中华民族的文明史上绝无仅有。“县县有文庙，村村有武庙”，这是在中国封建社会后期中，社会各界普遍祭拜孔子和关公的真实反映。但是，据有关资料记载，在宋、元、明、清社会中，对“武圣”关公崇拜的虔诚和普及，甚至超过了被人们盛赞为“千古一圣”的孔子。清代中叶，仅京城之内，拜祭关公的庙宇便多达116座，如再加京畿郊县，关庙总数竟在200座以上，远远超过了京城当时所拥有的孔庙。据有人概算，如按每县设一座孔庙，清代全国的孔庙也不过3000余座；而每村建一座武庙，那么清代全国的关公庙宇竟达30余万座，关公庙数竟是孔子庙数的100倍。

常平关帝庙祖宅塔

关羽，字云长，本字长生，东汉时河东郡解州常平（今运城市解州镇常平村）人。从小武艺高强，相貌堂堂，嫉恶如仇。少年时因除恶济贫，杀死当地豪强，被迫逃到涿郡，在桃园与刘备、张飞结为异姓兄弟，辅佐刘备重兴汉业。关羽驰骋天下，横刀立马，勇猛过人，所向无敌，威名震华夏。东汉建安五年（200）关羽被曹操部下擒获，曹操拜他为偏将军，奉为上宾，关羽始终不为所动。颜良攻打曹军时，关羽和魏将张辽一并出征，关羽在万马千军中取颜良首级，立了大功，曹操封他为汉寿亭侯。曹操对关羽虽十分敬重，待遇优厚，但关羽始终不忘刘备的知遇之恩，最终放弃了曹操赐与他的利禄，一路过五关、斩六将，回到了刘备的身边，表现了义薄云天的忠勇。其后刮骨疗毒、水淹七军等英雄故事被后人千古传颂。东汉建安二十四年（219）冬，关羽大意失荆州，败走麦城，被东吴孙权的部下俘获后杀害。当时孙权派人将关羽首级献给曹操，曹操敬仰关羽义薄云天的大义，命人厚葬于湖北当阳，从此，关羽成为忠孝仁义的化身。唐代时，全国各地已多有修建关庙，或建壮缪侯庙，关羽从受后人敬仰的历史人物和战将逐渐地演变成了神，广泛受到民众的崇拜。

山西是关羽的故乡。宋元明时期，人们对关羽的崇拜形成了第一个高峰，关羽由侯升到了帝的位置。关羽的故乡有著名的解州盐池，传说黄帝战蚩尤时，蚩尤兵败倒地化作盐池。北宋开始时，盐池的收入占北宋政府全国税收的六分之一。但是，到徽宗时盐池却连续8年不产盐。道教龙虎山天师道掌门人张天师认为盐池不产盐是因为上古时被黄帝打败的蚩尤在作祟，便奏请宋徽宗请关羽下凡，制服了蚩尤，保住盐池。宋徽宗于是在崇宁元年（1102）封关羽为忠惠公，崇宁二年（1103）以自己的年号封关羽为崇宁真君，大观三年（1109）封为昭烈武安王，宣和五年（1123）又封为义勇武安王。短短的21年间，4次加封，由侯而公，由公而君，由君而王，并下令在全国大修关庙，对解州关羽庙进行了大规模修缮，让道士住进庙内奉祀香火。

明清时期对于关羽的崇拜达到了极盛。明正德四年(1509)改关羽庙为忠武庙，万历二十二年（1594）神宗朱翊钧将关羽进爵为帝，万历四十二年（1614）封关羽为“三界伏魔大神威远震天尊关圣帝君”，其地位超过了人间的皇帝，成为主宰天地万物神灵世界的大帝。清顺治元年（1644）

解州关帝庙关羽帝王装像

加封关羽为“忠义神武关圣大帝”。清嘉庆道光年间，关羽的封号长达 24 字“仁勇威显护国保民精诚绥靖翊赞宣德忠义神武关圣大帝”，并对关羽的祖先和家人封官进爵，对关帝的信仰达到了极限，成为至神至圣，万世人极的神祇，形成了罕见的关羽信仰，祭祀关羽的庙堂遍及海内外。

当关公成为人们心目中的神灵和圣人之时，封建统治者也十分重视，将为其建庙作为庄严而神圣的大事。尤其在清朝，将关公作为护国神，并在《清会典》中定制：“南向，庙门一间，左右门各一，正门三间，前殿三间。殿台中为甬路，左右各出一陛，均五级。”乾隆三十五年许用“黄色琉璃”，将关帝庙的规格提升到皇宫一级，其

常平关帝庙关公故里

解州关帝庙琉璃影壁

林里关王庙宋代石刻

建筑等级之高与皇宫、皇陵相同，显示出华夏第一神的无上权威。

在中国现存的关庙中，阳泉郊区的林里关王庙为国内现存最早祭祀关羽的关王庙，保持着关庙的原始形态，具有重要的历史价值。阳泉地处山西东部，境内娘子关为三晋东出门户，井陉关（今称故关）为先秦九寨之地，自古就是扼守山西东大门的屯兵之地。宋金时期，北宋王朝为鼓励民众抵抗金兵的侵袭，竭力用关羽的神勇和忠义鼓励将士勇猛作战，不仅对关羽 4 次加封，而且在全国各地大量修建关庙。林里关王庙是北宋关庙中较早的一座，据庙内现存宋代醮盆经幢上题记“奉为皇帝万岁郡主千秋文武百官常居禄位赵国弟六帝内熙宁五年四月十八日建立闰七月”铭文，关王庙初建于熙宁五年（1072）。正殿的脊榑下有“维南詟竦祖大宋国河东路太原府平定军平定县升中郡白泉村于宣和四年壬寅岁三月庚申朔丙之日重修建记”以及梁枋上宋代官职名称的题记，说明现存大殿是宋宣和四年（1122）重建后的遗物。其后元、明、清历代均有修缮和扩建。

林里关王庙坐落于玉泉山山腰，依山而建，坐西南而朝东北，与林里村隔河相望。庙周浓荫蔽日，层林叠翠，寺庙环境十分优雅。庙原由外院、中院、上院三部分组成，现仅存上院。上院一进院落布局，中轴线上建有山门、献殿和正殿，两侧有配殿及东南侧砖砌官窑3孔，宽约45米，长约90米，占地面积4050平方米。正殿砖砌台基，高0.82米。殿身面阔3间，进深6椽，单檐歇山顶，前檐辟廊，当心间辟门，两次间设有破子棂窗。廊下斗拱五铺作双抄。殿内梁架四椽栿对前乳栿通檐用三柱，梁栿上驼峰、蜀柱、叉手皆为宋代风格。庙虽建在偏僻山区，但制作却一丝不苟，表现了宋代建筑的工艺水平。殿内中央有束腰须弥式神坛，高90厘米，原有塑像，已不存，现存13尊彩塑均为近年复造。

林里关王庙全景

林里关王庙正殿

解州关帝庙位于运城市盐湖区解州镇西关。因解州东南 10 公里常平村是三国蜀将关羽的家乡，故解州关帝庙为武庙之祖，布局沿袭“前朝后寝”之制，是我国清代布局最完整的宫殿式建筑群之一。

解州关帝庙庙门

解州关帝庙创建于隋开皇九年（589），宋、明时曾扩建和重修，清康熙四十一年（1702）毁于火，经十余年始修复，现存建筑均为清代所建。全庙占地近100亩，平面布局分南北两大部分，由结义园、正庙、东宫、西宫四部分组成。南部以结义园为中心，由牌坊、君子亭、三义阁、假山等组成。三义阁内有清乾隆年间镌刻的三义图，刀法细腻，线条明晰。四周桃林繁茂，正好符合刘关张“桃园三结义”的历史典故。北部为正庙，仿宫殿式布局，分前殿和后宫两部分。前殿中轴线上依次排列着端门、雉门、午门、御书楼、崇宁殿，东西两侧配以崇圣祠、追风伯祠、胡公祠、木坊、碑亭、钟楼、官库等附属建筑；后宫以“气肃千秋”牌坊为屏，春秋楼为中心，左右有刀楼和印楼相峙而立。整体建筑，布局严谨，轴线分明。

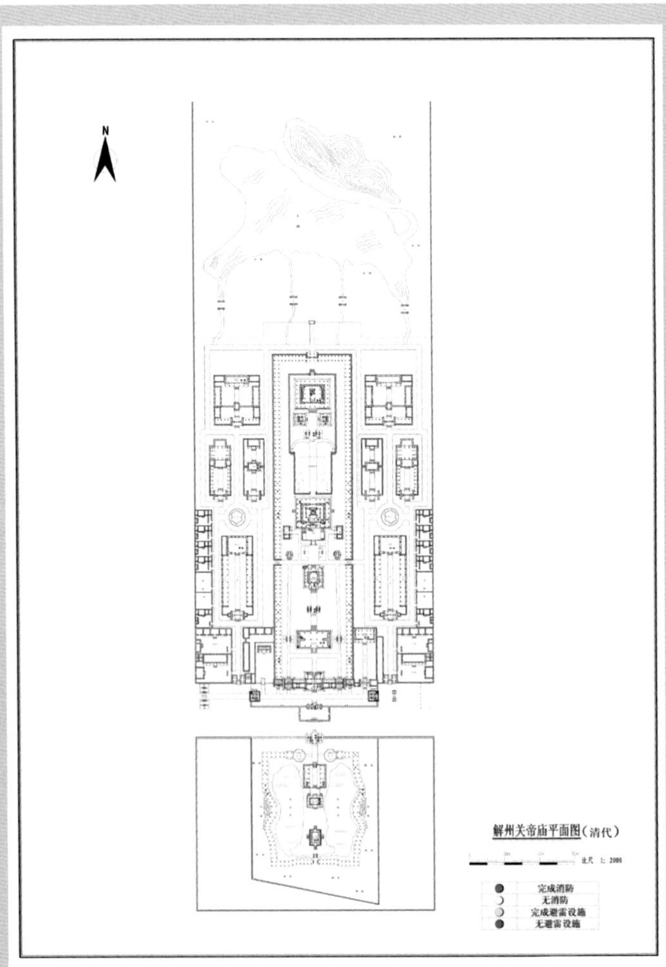

解州关帝庙平面图

解州关帝庙春秋楼

春秋楼关羽戎装坐像

春秋楼，又名麟经阁，是供奉关圣夜读《春秋》像的楼阁，现存建筑为清同治年间（1862—1874）在明代旧址上重建。春秋楼为两层三檐歇山式屋顶，总高23.4米，楼身底层面宽7间，总面宽27米，进深6间，总进深21.2米，环廊一周。殿内设有神龛，关羽塑像端坐其中。二层楼身面宽7间，通面宽25.2米，进深6间，总进深19.4米，柱网按底层布列，上下垂直对应，廊柱悬空，呈垂直柱形式敞露檐外。二层楼内亦设神龛，内塑有关公侧身夜读《春秋》坐像，左手扶案，右手捋髯，神态逼真。

崇宁殿为关帝庙的主殿，位于庙内中轴线后部。为北宋崇宁三年（1104）徽宗皇帝封关羽崇宁真君而建。面宽 7 间，进深 6 间，重檐歇山顶。通面宽 27 米，通进深 22 米，台基高大，殿前设以宽敞的月台。大殿圆形石质檐柱，每柱雕蟠龙一条。殿内明间前槽两金柱上，木雕巨龙自柱底盘旋而上，至顶端探头对峙，大有金阙帝宫的华贵气派。斗拱构造，上下两檐完全相同，为五踩双下昂，耍头雕以龙首和单浮云。殿身梁架为九檩四柱式，前后槽檐柱与金柱之间的双步梁负载着檐步和下金桁步架上的荷载。崇宁殿的小木作装饰，有隔扇、天花板、神龛三部分，神龛面宽 3 间，通面宽 4.85 米，进深 6 架椽，纵进深 4.25 米，单檐歇山式屋顶。斗拱下昂四层，单浮云耍头。龛内关羽帝装塑像，端庄凝重，是明代杰作，整个殿宇气势巍峨，大有冠于全宫的气概。

关帝庙的建筑，结构严谨。庙内主体建筑全部覆盖黄、绿、蓝三色琉璃，富丽堂皇。庙内外牌坊 7 座，形制有别，其中以“威镇华夏”坊、“结义园”坊、“气肃千秋”坊等最为壮观。庙内还保留有满镌纹样的万斤铜钟，制作精巧的铁铸焚香炉及绘有关羽一生故事的壁画，均为艺术精品。

解州关帝庙崇宁殿

崇宁殿檐下蟠龙石柱

解州关帝庙铁香炉

北岳灵宫

北岳奇观——恒山建筑群

北岳恒山与东岳泰山、西岳华山、南岳衡山、中岳嵩山并称五岳。位于山西省北部，东接居庸关，西衔雁门关，南屏三晋，北瞰云代二州，像一条卧龙横亘在北国塞上，成为三晋大地上的天然屏障，也是古代北方游牧民族与中原农耕民族之间的分界线，向来是兵家必争之地。恒山以自然景色奇险雄秀和道教文化深厚而著名，山脉东西绵延250公里，号称有108峰，主峰高2016米，地处浑源县城南。主峰分天峰岭和翠屏峰，东西对峙，中间是著名的金龙峡。传说，早在4000年前，舜帝巡狩四方，来到恒山，见这里山势险峻，奇峰壁立，遂封为北岳。秦始皇时，朝封天下十二名山，恒山被封为天下第一山。恒山自古以道教闻名，东汉时就有道教活动，建有祠庙。传说，古代神仙道教八仙之一张果老曾在这里隐居潜修而成仙的。恒山主要建筑建于北魏，后经唐、金、元历代重修，明清时形成规模宏大的建筑群，有“三寺四祠九亭阁，七宫八洞十五庙”

1. 飞石窟
2. 寝宫大殿
3. 寝宫题词刻

的称誉。现存主要建筑有恒宗殿、寝宫、梳妆楼、会仙府、十王庙、纯阳宫、九天宫、关帝庙、羽化堂、真武庙、白龙王庙、苦甜井、塔林、魁星楼、接官亭等 20 余处。建筑内现存明清时期塑像 60 余尊、碑碣约 79 通、摩崖题刻 200 余处。

1. 悬空古刹
2. 北岳全图碑
3. 塔林（一）
4. 塔林（二）
5. 十王庙俯视
6. 十王庙

恒宗殿，又名朝殿、贞元殿、元灵宫，为恒山建筑群的主庙，位于恒山恒宗峰南岩峭壁下。坐北朝南，北依山崖，前临深谷，中轴线现存崇灵门、恒宗殿，创建于明弘治十四年（1501），东西两侧建有钟楼、鼓楼、藏经楼、更衣楼、斋房、青龙殿、白虎殿等，占地面积3293平方米。崇灵门面宽3间，进深4椽，悬山顶，中柱设板门三合，斗拱五踩双下昂。过崇灵门登103级石砌垂带踏跺达恒宗殿。恒宗殿面宽5间，进深6椽，七檩前廊式构架，单檐歇山顶，黄琉璃瓦屋面，柱头斗拱五踩双下昂。殿内神台上塑明代北岳大帝金身像，两侧配以文臣武将，神台上方悬挂清康熙御匾“化垂悠久”木匾。庙内还保存有明清时期重修碑记、御祭文碑等共计31通。

恒宗殿

恒宗殿外御碑

会仙府，又名集仙洞，位于恒山恒宗殿西北高处的会仙崖石窟内，海拔1820米，是恒山建筑群中最高的一组建筑。传说，这里是恒山最早居住仙人的地方。两侧崖壁上布满了宋、辽、金、元、明、清历代名人赞颂恒山雄姿的摩崖题刻。会仙府依崖坐北朝南，东西长59.6米，南北宽24.7米，占地面积1472平方米。大殿创建于明代，面宽3间，进深5椽，六架梁前出廊式构架，硬山顶，黄绿琉璃瓦盖顶。会仙府内现存明代北岳大帝等神仙塑像30多尊、清代碑碣17通、历代摩崖题记约7处。

会仙府东侧建有玉皇阁和御碑亭。玉皇阁为四角两层楼阁式建筑，面宽3间，进深4椽，重檐歇山顶，四周建回廊。御碑亭为八角攒尖顶，亭内现存清康熙御制碑一通，为青石质，龙首，通高3.53米，宽0.87米，厚0.25米。碑文行书“化垂悠久”4字。

会仙府

玉皇阁

御碑亭『化垂悠久』碑

九天宫，又称碧霞宫、娘娘庙。位于恒山恒宗殿西面，东邻纯阳宫。从规模上讲，是恒山诸庙中仅次于北岳主庙恒宗殿的重要祠庙。坐北朝南，东西长 28.71 米，南北宽 20.28 米，占地面积 582 平方米。创建年代不详，据《恒山志》记载，在明代以前就有了此庙。明万历二十四年（1596），神宗皇帝赐给北岳庙道经 512 卷，就存放在九天宫内。这些明代道经大部分于“文革”时期被毁。现存山门、正殿、东西配殿、钟鼓楼。山门为砖雕仿木结构，拱形门洞，两面坡悬山顶。正殿面宽 5 间，进深 6 椽，七檩前廊式构架，单檐歇山顶。东西配殿均为面宽 4 间，南侧一间为钟鼓楼，进深 4 椽，硬山顶。

九天宫

纯阳宫

纯阳宫内景

纯阳宫，位于恒宗殿西侧，西邻九天宫。坐北朝南，东西长 22.2 米，南北宽 13.8 米，占地面积 306 平方米。创建年代不详，现存正殿、东西厢房为清代建筑。正殿面宽 3 间，进深 4 椽，五檩前廊式构架，单檐歇山顶。东厢房面宽 4 间，进深 2 椽，硬山顶。西厢房面宽 2 间，进深 2 椽，硬山顶。

关帝庙梁架、彩画

关帝庙位于恒宗殿西侧，西邻文昌阁，东邻灵官殿。坐北朝南，东西长9.93米，南北宽12.7米，占地面积126平方米。创建年代不详，现存正殿为清代建筑。正殿面宽3间，进深4椽，五檩前廊式构架，单檐歇山顶。殿内现存清咸丰十年（1860）重修碑记一通、清康熙六年（1667）铁香炉1个。

关帝庙建筑

关帝庙大殿

北岳恒山最著名的建筑莫过于悬空寺了。寺位于恒山金龙峡西岸翠屏峰的悬崖峭壁上，面对恒山主峰天峰岭，是我国古代建筑中的奇迹。楼阁悬空，结构奇巧。始建于北魏太和十五年（491），后经唐、金、元历代维修，明万历三十二年（1604）重修山门，清同治三年（1864）重修，现存建筑为明清建筑。建筑面积仅有152.5平方米，却有大小殿阁40余间，包括：山门、山神庙、五道庙、土地庙、钟鼓楼、佛堂、大雄宝殿、伽蓝殿、地藏殿、送子观音殿、千手观音殿、雷音殿、三官殿、纯阳宫、三教殿、三圣殿、五佛殿、法身、应身、报身佛龛等，分三层错落有致地镶嵌在翠屏峰的绝壁之上，距谷底有90多米，像一座玲珑剔透的工艺品。寺内全部建筑都筑在危岩凹壁间，凿壁横木，半插飞梁，木梁、立柱和底部后加的斜撑连接成一个整体，虽说行走在殿宇间，但结构却有极其良好的稳定性，寺内现存各种铜、铁、泥、木、石造佛像80多尊，摩崖石刻10处，碑碣11通。悬空寺充分利用力学原理，半插飞梁，巧借岩力，构造合理，为我国古代悬空建筑之精品，具有较高的历史、科学、艺术价值。

双林入灭——平遥双林寺

公元前 486 年，释迦牟尼年届八旬，在传教 45 年后的一天，告知他的弟子们自己将告别人世，进入无生无灭的“涅槃”境界。他来到拘尸那伽的跋提河边沐浴过后，对他的众位弟子进行最后的垂训后，进入了娑罗双林，在七宝床上向右边侧卧，头向北方，双脚并拢指向南方，面朝西方，背对东方。娑罗双林有 8 棵娑罗树，西方 2 棵在佛前，东方 2 棵在佛后，北方 2 棵在佛头前，南方 2 棵在佛脚前。佛的四众弟子、天龙八部围绕在佛的四周，农历二月十五半夜时分，佛进入了“大涅槃”，娑罗双林东西方 4 棵合为一棵，南北方 4 棵亦合为一棵，并同时垂下来遮覆在佛所卧的宝床，树叶则覆盖在佛身上。圆寂中的释迦牟尼佛安详、雄浑而光辉，使一门精妙的出世哲学成为一门信仰最多的宗教，佛教称佛的圆寂为“双林入灭”。

佛经记载的这个故事，是佛的最后的岁月。佛教随着丝绸之路逐渐传入中国。1489 年后，平遥人为纪念释迦牟尼佛“双林入灭”，将建于北齐武平二年（571）的中都寺改称双林寺。以后明景泰、天顺、弘治、正德及万历年间，清道光、宣统年间曾进行过多次修葺。现存建筑、塑像，多为明代建造。

平遥双林寺山门

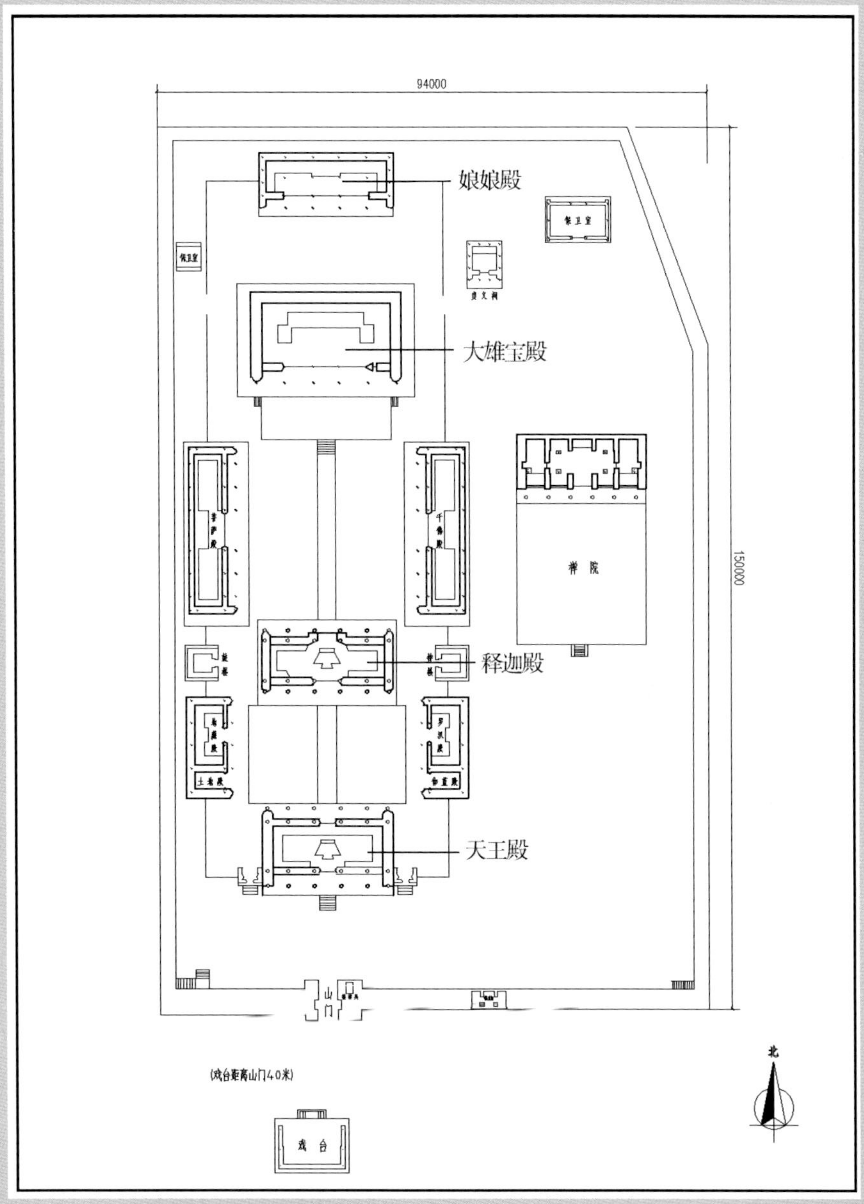

平遥双林寺平面图

寺院坐北朝南，建在3米多高的土台基上，四周围以城堡式夯土高墙，金元之际，毁于战火，明代依旧址重建，形成今日规模。寺内布局完整，有两条轴线，经堂、禅院在东，寺宇殿堂居西，由三进院落组成，占地面积1.2万平方米。中轴线上依次排列着天王殿、释迦殿、大雄宝殿和佛母殿。前院两侧为罗汉殿、地藏殿、武圣殿和土地殿，释迦殿两侧有钟、鼓二楼对峙，中院宽阔，千佛殿和菩萨殿左右对称。寺院布局严谨、庄重、和谐。

天王殿重修于明弘治十二年（1499），悬山顶，面阔5间，进深6椽，前后插廊，前檐斗拱五踩如意假昂，明间置板门。

天王殿

释迦殿

释迦殿建于明嘉靖年间，面阔5间，进深6椽，悬山顶，外设廊庑，无斗拱，前檐明间悬“灵鹫遗风”匾额。

大雄宝殿

大雄宝殿重建于明景泰年间（1450–1456），位居二进院正中，东西配殿为千佛殿、菩萨殿。大雄宝殿面宽 5 间，进深 4 间，单檐歇山顶，柱头斗拱五踩，前檐设廊。隔扇棂花及殿内藻井雕工精细。殿顶琉璃剪边，造型、釉色均属明代佳作。殿内佛坛供三身佛。千佛殿、菩萨殿结构相同，均面宽 7 间，单檐悬山顶。

佛母殿，亦称娘娘殿，是第三进院落中的主殿，建于明正德年间，面宽 5 间，进深 3 间，单檐歇山顶。

双林寺内大小 10 座殿宇内，满布塑像，大者丈余，小者尺许，共计 2052 尊，完好者 1566 尊。圆塑、悬塑、浮雕、组塑一应俱全，明代所塑之像居多，少数为清代塑像，塑工技艺高超，是不可多得的艺术珍品。

平遥双林寺彩塑（明代）

天王殿是双林寺的第一座殿堂，殿内主奉天冠弥勒菩萨，东为帝释天，西为大梵天，两侧供八大菩萨，廊檐下四尊金刚巨像，都是明代原作。弥勒菩萨头戴三层簪花天冠，体态丰润，神态端庄，著通肩开领天衣，结跏趺坐于莲台上。按佛经的记载，弥勒菩萨将继承释迦的佛位，是未来佛，故隋唐之前造型多为菩萨装，唐以后才出现佛装的弥勒像，作为主像供奉。明清以来，又出现大肚弥勒佛，双林寺天王殿内的天冠弥勒，沿用了早期的做法。八大菩萨造型与弥勒菩萨相似，均头戴宝冠，但背光与须弥座较主像菩萨简洁。四大天王身形魁梧，身姿壮硕，神态英武，大有叱咤风云的武士气概。天王殿外四尊金刚力士，巍然端坐，手执金刚杵，浓眉圆目，居高下视，凛然之势，英武逼人。按照佛经仪轨，金刚立于门两侧，左手握拳当腰，右手持金刚杵，自古以来多为左右两尊，双林寺这种四大金刚的设置，在国内寺庙中颇为罕见。

天王殿金刚四尊及局部

释迦殿内供有本尊释迦牟尼像及二胁侍菩萨，四壁以悬塑的形式塑成48组释迦牟尼的本生故事，精练地概括了佛陀从投胎到成佛的一生。这些悬塑高约40厘米，共有200余尊，人物、山石与建筑浑然一体，以塑像的形式表现释迦牟尼的生平事迹，双林寺堪称杰作。佛座扇面墙后塑有一叶观音菩萨及一组群塑，表现了观音在16尊罗汉的护持下普度苦海的情节，观音上身微裸，侧身单腿盘坐于一叶莲花上，衣带飘扬，神态安详，旁有罗汉各踏兽座或莲蓬，动感十足，是古代雕塑艺术中的杰作。

释迦殿佛本生故事彩塑

千佛殿自在菩萨像

千佛殿内主像为自在菩萨，菩萨右边是韦驮，左边是夜叉，两侧悬塑500余尊。自在菩萨轻盈洒脱，坐在天衣座上。善财童子东边来朝。韦驮天将穿典型的明代武将胄甲，身高1.6米，虎盔虎肩，着“山”字纹锁子甲，脚穿网鞋，威风凛凛。他右手握拳，挺胸侧立，重心落在左腿上，躯干和头颈的扭转与位移，已夸张到了人体所不能达到的程度，英武之气从艺术的夸张中显示出刚劲和隽秀，可谓不朽之作。东西墙壁乃至梁柱间、门槛上都布满菩萨塑像，高约0.58~0.69厘米之间，菩萨像或踏云，或危坐，或沉思，或论辩，造型丰富而生动。

千佛殿韦驮像、面部特写

菩萨殿内主奉的观世音菩萨，像高 3.45 米，左为大梵天，右为帝释天。观世音菩萨头饰花冠，面如净月，目光平静而清澈，彩带飘逸，安详地结跏趺坐在天衣座上，现二十六臂，手势千变万化，参差而富有韵律。分布于四周的悬塑菩萨像每层两至四层，共有 400 多尊，题材丰富，造型各异，极具个性，构思独特而巧妙，表现了清静广博的佛教意境。

千手观音像

罗汉殿内，十八罗汉朝观音，充满了浓郁的生活气息。观音菩萨安坐在 18 尊罗汉中间，两侧有童子侍奉，观音菩萨神态安详恬静。罗汉安坐在木制神龛内，均有等人大小，有的在说法，有的在论道，形神兼具，传神达意，性格鲜明，极具个性，技艺手法颇具宋代风格。地藏殿内的十殿阎君、六曹判官以及十八层地狱冥罚，塑造得狰狞恐怖，具有极强的艺术感染力。

大雄宝殿内佛坛上塑三身菩萨，已经后人重妆，失去了原作的风韵。

罗汉殿内十八罗汉像

小西天全景之一

琼楼玉宇——隰县小西天、长治观音堂和悬塑艺术

山西佛教寺庙中的悬塑以隰县小西天、长治观音堂最为精妙，堪称山西悬塑艺术的经典之作。

小西天本是一座佛寺，位于隰县城西里许的凤凰山间。因大雄宝殿内塑有佛像千尊而得名千佛庵。明崇祯二年（1629）五台山火场寺僧人东明禅师主持兴建。按一般人的理解，寺是比丘僧居住的佛寺，而庵是比丘尼居住的，而千佛庵为什么却是由和尚修建并居住的呢？其实，古代庵寺分得并不那么清楚。按刘熙《释名》说：“草圆屋曰蒲，又谓之庵。庵，奄也，所以自奄覆也。”实际上庵就是小草屋之意。古印度等地的佛教徒多居住在远离尘世喧嚣的小茅草庵中修行，供奉佛之小舍就称为庵。后因比丘尼居住的多是小寺院，所以庵也就成为尼寺的专称了。千佛庵后因与县城内的大西天圣境寺相对，俗称小西天，本名反而被人们淡忘了。

这里山形似凤凰，故称为凤凰山，山上仙草奇葩，山前清流成潭，寺院建筑据险而筑，高低有别，错落有致。庵初期建造的建筑有无梁殿及殿内两侧廊房，韦驮殿 3 间，摩云阁、小禅窟、八卦亭等；下院主殿无梁殿，面宽 5 间，前檐插廊，殿内无量寿佛铜佛像为隰州人李呈祥（曾任清工部侍郎、兵部侍郎等职）于清顺治七年（1650）捐赠。崇祯十七年（1644）庙内主要建筑大雄宝殿落成，到顺治十三年（1656）大雄宝殿内悬塑制成，其后又修建了一些附属建筑，历时 20 余年。

小西天全景之二

千佛庵坐西朝东，因地形所限，又有取西方极乐世界之意，中轴线按东西方向布置。全寺建筑仅有 1100 多平方米，却层层叠叠、曲曲折折的有十几座大小殿堂有序地布置其中，高低参差，繁密细小，虽无宏大气魄，却是精致雅洁。有山门二重，布局分为上、下两院。上院主要建筑有大雄宝殿，左右为文殊、普贤两配阁，两侧是北极殿、马王祠；下院主要建筑有无量殿、韦驮殿、摩云阁、八卦亭及韦驮殿之上的钟、鼓二楼。

小西天院内景

小西天大雄宝殿

小西天大雄宝殿内梁架、彩画

大雄宝殿是庵内的精华所在，面宽 5 间，进深 6 椽，前檐插廊，悬山顶，殿顶筒板瓦覆盖，琉璃剪边，中设琉璃方心。殿内梁架彻上露明造，六椽七檩前后单步梁用四柱，梁栿彩画沥粉贴金。这种画法是明清建筑彩画中的高等级画法，在民间建筑的实物中并不多见，弥足珍贵。

大殿内悬塑满堂，共有大小泥塑千余尊，为明崇祯二年至清顺治十七年（1629—1660）所塑。殿内筑有宽大的佛台，主像均高达3米，佛前各立两位胁侍菩萨，高2.1米。释迦牟尼佛上为西方圣境、毗卢遮那佛上有龙华三会、千佛殿，弥勒佛上为明王殿，阿弥陀佛上为金色世界，药师佛上为琉璃世界。五尊佛坐在5间相连的长龛内，每尊每间两侧饰有方形塔柱，形成各自的庄严道场。主佛皆结跏趺坐在束腰须弥座上，着通肩袈裟，外披披肩，衣领、袖口饰有花纹，眉额高广，面形丰润；胁侍菩萨头戴饰有珠花的宝冠，身着披肩小衣，腰束丝带，璎珞垂于肩头双侧，赤足踏于莲台之上，造像风格具有典型的明代特征。北壁上塑有三十三天，南壁有琉璃世界。其间重楼叠阁、曲径水榭以及各种珍禽异兽凌空飞舞，花卉草木灿烂多姿，佛教故事内容几乎包罗了佛教经典中的全部，琳琅满目，尉为大观。

小西天大雄宝殿佛龛彩塑

天宫楼阁及乐伎演奏场面

小西天大雄宝殿十大弟子

十大弟子局部和小沙弥

殿内南北两壁立着佛的十大弟子和小沙弥像。弟子身着宽袖长衣，外披袈裟，环立在佛台的两侧，表情各具神采，目光敏捷锐利，充满智慧的光芒。服侍弟子的小沙弥穿插其间，活泼的身姿、稚嫩的表情，尤为动人，使大殿中庄严的佛的世界有了人的生气，动静之间，将佛的思想传达到人间。

长治市郊区梁家庄观音堂是明万历九年（1581）梁姓业主立据将地卖出，以作“创建救苦救难观世音菩萨宝殿”而创建的一座小型佛寺。其后清代屡有修葺，现存建筑只有正殿为创建时原构，余皆清代所建，寺内以精美绝伦的彩塑和悬塑艺术闻名于世。

寺院坐东向西，现存两进院落，占地面积 7400 平方米。中轴线上自西向东有：天王殿（山门）、献亭、正殿，两侧为钟、鼓楼及东西配殿。观音堂为寺内正殿，面宽 3 间，进深 4 椽，悬山顶，建筑面积 62.02 平方米。

观音堂正殿

观音堂明代牌匾

前檐出卷棚抱厦，廊下与柱头斗拱均为三踩单下昂。梁架为四架梁对后单步梁通檐用三柱。殿顶有黄绿色琉璃屋脊，上饰龙与西番莲图案，典雅大方，为明代原物。大殿门楣上挂有明万历十一年（1583）兵部侍郎郜钦立的“观音堂”鎏金匾额。殿内主像奉三大士，南北两壁由低而高分层塑有十八罗汉、二十四诸天、十二圆觉，每组形成一个主题。壁上、梁间布满佛、菩萨、帝释天、天王和佛传故事悬塑，小小的殿堂约有大小佛像500余尊。

观音堂彩塑全景

佛殿正中佛坛上，是佛教中大慈大悲观世音菩萨、大智文殊菩萨、大行普贤菩萨，也即佛教中所称的“三大士”。三尊菩萨背后的正壁上是取自《华严经》中善财童子求师拜学、遍访53位“善知识”的故事，人物造型生动、寺塔楼阁精巧瑰丽。殿内两侧的佛台分为3层，第一层塑有十八罗汉，形态各异，极具个性。罗汉之上为二十四诸天，是佛国的守护神。第三层为十二圆觉，是以文殊菩萨为首的12尊菩萨，《圆觉经》上说，十二位菩萨向佛祖请问修行法门，佛说大乘圆觉清净境界修行法。第四层题材更为广泛，南壁为道教人物故事，塑有玉皇、王母、八仙等，北壁为儒教人物，为孔子和他的72个弟子。在殿内的门窗上方，南侧是道教八仙

观音堂红脸大佛

观音堂三教彩塑

拜寿的人物故事和唐王接经的历史传说。北侧则是明英宗时的“土木之变”和“南宫复辟”等历史事件的故事。最为特殊的是正面顶部塑造的三教祖师同居一堂的题材，释迦牟尼佛居中，老子、孔子分居左右。释迦牟尼佛结跏趺坐，左手横置左足上，右手向上屈指作环状的“说法像”。老子则着道家装束，仿佛在讲经论道，孔子则儒生服饰，正襟危坐，为他的弟子们讲学，将三教文化精华浓缩于一堂。佛、菩萨等造型面形圆润，衣着和花饰变化万千，虽为宗教题材，人物却无嗔怒之容，神情一派闲适，表现了极高的艺术水平。全殿彩塑造型精致而细腻，将中国百姓所喜爱的各路神仙荟萃一堂，堪称一座三教合一的彩塑艺术精品陈列馆。

观音堂北壁彩塑

巧夺天工——明清楼阁建筑

楼阁是中国古代建筑中重要的建筑类型之一。《说文解字》中说“楼，重屋也”，人们直观印象就是两个房子叠起来的建筑物。山西楼阁建筑起源很早，春秋、汉代以来就有大量建造，可惜没有实物保存下来，它的成就只能从石刻和壁画中还能看到，现存实物大多是明清以来的。主要有军事建筑中的城楼、谯楼；佛寺中的钟鼓楼、藏经楼；道观中的五凤楼、玉皇阁；城池中的钟鼓楼、市楼；乡村中的门楼等。

楼阁建筑是最能表现中国木结构建筑技术的一种类型。纵观中国早期楼阁建筑的发展与变化，从秦汉时期的出现，到魏晋南北朝的发展，隋唐宋辽金的成熟，再到元代及其以后的繁荣，都反映了中国古代建筑历史的变迁与发展。

代县边靖楼，又名谯楼、鼓楼，位于山西省代县县城十字街心，是我国古代建筑中典型的军事防御性建筑，既可用来瞭望敌情、击鼓联络、指挥作战，也有司鼓报时的功能。边靖楼有守卫北边使之安宁之意，是北方军事防御建筑体系的核心。边靖楼创建于明洪武七年(1374)，由吉安侯陆仲亨所建。成化七年（1471），毁于火灾，成化十二年(1476)都督佥事刘宠、按察副使蔡麟增台重建。清康熙、雍正、嘉庆、道光年间均有较大维修。现存边靖楼仍为明代遗构。

边靖楼远景

边靖楼坐北朝南，主要由通道、台基和楼体三大部分组成，城墙高 14 米，厚 7 米；台基高 13.3 米，长 43.3 米，宽 33.3 米；楼身高 26.7 米，总高 40 米，中辟砖券门洞，南北贯通，是国内现存最大的楼阁式建筑。

边靖楼近景

边靖楼前檐斗拱

边靖楼翼角斗拱

楼体建在城台之上，通过由一条青砖铺设而成的台阶连接，台基上设有垛口。楼身面宽 7 间，进深 5 间，四周围廊。三层四檐，上层为重檐歇山式楼顶，二层设有勾栏，三层于勾栏之下设平座。一层檐下不施斗拱，斗拱仅施于二三层上，二层檐柱之上施五踩双翘斗拱，三层檐下施五彩重昂，每层四周搭交，形成上下重叠柱网布局，别具特色。

楼阁南面三层悬“声闻四达”横匾一方，高 3 米，长 8 米，为清雍正十一年（1733）雁平兵备道汤豫诚所立；四层檐下悬“雁门第一楼”横匾，为道光二十七年（1847）知州陈鼎雯所立；楼北侧三层悬“威镇三关”巨匾，高 3 米，长 8 米，为雍正十一年知州杨弘志所立。楼阁内设木梯，沿梯可到达楼顶。登楼远望，北望雁门关，南眺滹沱河，全县山川景物尽收眼底，让人感觉心旷神怡。

边靖楼匾

飞云楼全景

飞云楼位于万荣县城的东岳庙内。庙创建于唐代，元至元廿八年至大德元年（1291—1297）重建，明景泰、天顺、万历年间和清代屡有扩建修葺。现存建筑飞云楼为明建清修，其余多为元建明修。

飞云楼高 23.19 米。平面呈方形，三层四滴水，十字歇山式楼顶。二、三层皆有勾栏，每面各出抱厦，平面呈十字形。在内槽四角立四根高 15.45 米的通天金柱，从底层直达顶层，四周 32 根木柱，内外柱间分层设额枋、间枋、地板枋、穿插枋等多层枋材相连贯，形成庞大的正方形筒式框架，作为整个楼阁的主干。檐下斗拱密致，计 300 余组，依不同位置结构造型各异，有五踩、六踩、七踩，耍头有蚂蚱头、单幅云、龙头等，昂有象鼻昂、琴面昂等，宛如云朵簇拥，与翘起如飞的翼角，大大增强了建筑的艺术性。楼内有木梯可登至顶层凭栏远眺。飞云楼构架奇巧，在建造技术、结构力学与造型艺术方面独具特色，在我国木构建筑中占有独特地位。

1. 飞云楼顶部梁架
2. 飞云楼梁架
3. 飞云楼外壁构造

祆神楼位于介休顺城关大街东端，是介休三结义庙前戏台、乐楼、过街楼三者相结合的一座楼阁式建筑。祆神楼位居于庙前，既是山门，又是点缀街心的过街楼。平面呈“凸”字形，凸出的部分为过街楼，面宽 3 间，进深 3 间，东、西、南三面通道，高两层，中设平座，上施重檐。檐下正心平身科斗

祆神楼

拱及角科斗拱，有的雕成龙首，口衔宝珠，有的雕成象鼻。楼较宽的部分下层为山门，上层为乐楼。下层山门面宽 5 间，进深 4 间，周设围廊，空间敞朗，山门腰间平座与过街楼平座衔接，上铺楼板，成为乐楼的一部分。

祆神楼檐下斗拱

祆神楼戏台

乐楼居于山门门庭上部，楼中心设神龛，楼身两侧设八字影壁，壁上镶嵌黄、绿色琉璃装饰，色彩艳丽。楼上部重檐，加上腰间平座勾栏实为4层。楼内4根通柱直承上层梁架，山门戏楼上下叠构，楼顶十字歇山顶，琉璃制品覆盖，光彩夺目。檐下斗拱密致，四向凸出山花，设计巧妙，构造奇特。

祆神楼新颖别致，精巧秀丽，气势宏伟壮观，在建筑艺术上达到了很高的成就，是中国古代楼阁式建筑中的佳作。

祆神楼影壁琉璃

附录：古建筑词语浅释

经幢：我国佛教石刻的一种，也是用于宣扬佛法的宗教建筑（物品）。多用石材雕琢而成，形体如柱状，由基座、幢身和顶盖三部分组成。基座常作须弥座，刻仰莲、璎珞，幢顶刻宝盖、宝珠，幢身刻陀罗尼经文。

照壁：亦称影壁。竖立在建筑入口处作为屏障的墙壁。主要用以阻隔门外视线的侵扰，以保证院内良好的私密性。照壁多用砖雕或琉璃拼砌，上饰有图案。普通民居常将厢房的山墙砌作影壁。

间：古代建筑中以 4 根立柱所形成的空间，是建筑组成的最基本单元，也是衡量建筑规模的基本单位。建筑物的宽度和长度均用间来表示，如 5 间、7 间、9 间等，间数均用奇数，有严格的等级规定。建筑中央的一间称为明间或当心间，两侧依次为次间、稍间、尽间。

抱厦：为突出建筑物的入口，在建筑的当心间向外加出一间构架，使房屋的平面呈“凸”字形，增加的部分称抱厦。其作用是突出入口，丰富建筑立面构图的层次，在神庙中，抱厦亦作献亭使用。

副阶：附在主体建筑前部和四周的围廊，屋顶的高度低于主体建筑的屋顶。明清建筑中称廊子。

月台：主体建筑前设置的平台。较高等级的月台上设有栏杆。月台的前部或左右常设有供上下使用的台阶。

平座：楼阁建筑中由各层楼面向外悬挑的平台，上安设栏杆。唐、辽时的平座多为单独的结构层，起加强结构稳定的作用。外观上较为隐蔽，称为平座暗层。平座的设计增加了建筑物的竖向层次，丰富了建筑的立面构图和轮廓线。

腰檐：楼阁建筑中由平座的底部向外挑出披檐，宋代以前的腰檐与平座通常是一个单独的结构层。

收分：古代建筑中对高宽比（或高径比）较大的建筑或构件采用的一种加工技术，由下端至上端逐渐缩小宽度和直径的做法。如城墙、房屋的墙体、柱子等多采用这种方法，形成一种舒缓稳定的视觉效果。

生起：古建筑中将檐柱的高度自中间开始逐渐向两边逐间升高的做法。采用这种方法可使建筑物的檐枋等水平构件出现中间低两边高的曲线，使建筑物的檐部呈现出和缓的曲线，增加建筑立面的艺术效果。

侧脚：古建筑中将立柱向中心微微倾斜的做法。采用这种方法可使建筑物的构架更为稳固。在高层建筑采用侧脚的技术，可使建筑物形成一种稳健挺拔的艺术效果。

卷杀：亦称卷刹。构件中对成直角相连的两个面采用弧线和折线过渡的做法，可将构件直角处理成和缓的曲线，柱子上部逐渐削出和缓的曲线。

斗拱：古代作“枓栱”，宋代称“铺作”，清代称“科”，是中国古代建筑造型中独有的构造，也是衡量古代建筑等级的重要内容。斗拱主要位于古建筑的柱头和梁架之间，由方形的斗、弓形的拱和楔形的昂逐层交错组合而成。在明清以前的木结构古建筑中，起着承托屋檐挑出的结构功能。宋代以后主要承担表现房屋等级和装饰的作用，是判断古建筑年代和等级的重要构件之一。斗拱位于不同的位置，有不同的名称。柱头上的斗拱称柱头铺作，位于两柱间的斗拱称补间铺作，位于屋檐转角处的斗拱称转角铺作，在梁架使用的斗拱称襻间铺作。

昂：斗拱的重要构件。长条形的构件，前部下垂，承挑屋檐，后部挑于梁架的底部，具有平衡屋檐荷载的杠杆作用。前端削作楔形，有呈孤线形的琴面昂，有呈坡形的披竹昂等数种。明清建筑中演变成一种折角形的水平构件，长度变短，昂头加工成动物和卷云形，成为装饰构件。

昂嘴：斗拱中昂的端部。昂嘴在不同的时代有不同的做法。端头削成斜直平面的称“批竹昂（劈竹昂）”，端头削成凹孤状的称“琴面昂”，端头削作云朵状的称“云头昂”。早期的昂嘴端头较薄，形制简洁，明清时期变化较多，雕饰华丽。昂嘴的做法是判断斗拱及建筑年代的重要依据之一。

偷心造：斗拱的做法。在逐层向前或向后出挑的拱两端不加正交出挑的斗拱。宋代以前建筑中使用较多，做法简洁明快，造型洗练。

计心造：斗拱中将逐层向前或向后出挑的拱两端再加正交出挑的斗拱。

彻上明造：亦称“彻上露明造”，简称露明造。在建筑物中不设天花板，将梁架全部暴露的做法。这种做法能使室内空间宽敞，节约材料，为一般建筑中采用。

平棊：古代建筑内部，为遮蔽梁架结构而设置的顶棚，明清时期称天花。用木条制成“井”字形方格，固定在梁架下，再在方格上铺木板，木板表面施以彩绘，是古代建筑中较为考究的做法。其功能是装饰、遮挡灰尘。

平闇：宋代天花板的名称，构造同平棊，但方格较小。

藻井：古代建筑内部，为强调某一部位的重要性而在吊顶中做出向上隆起的凹面装修形式。多用于宫殿、寺庙佛座上方的天花板上。其形式有方形、圆形、八角形、斗八等不同的式样。藻井的背板上常绘有水生植物，如莲、荷等图案，有防火的含义。明清时期藻井内绘塑有龙，又称为龙井。制作方法讲究，能反映出小木作工艺技巧的精确和水平。

斗八藻井：由 8 个相同的构件或图案（多为几何形）向中心组合的藻井。此外，有斗六、斗四等不同的形式，也就是以 6 个或 4 个相同的图案组成的藻井。

明栿：在建筑内部，位于天花板下显露出来的梁架。因暴露在视线中，梁身上一般会做艺术加工。如，将梁的两端做成向下弯曲的弧形。制作工艺较为细致。

草栿：在建筑物内部，位于天花板之上被掩盖的梁架。因不在视线中，故梁身不做艺术化加工。常为稍事斫刨后直接使用。因其工事简单，故称草栿。

举折：亦称举架。建筑中屋顶起坡的做法，由此形成中国古代建筑特殊的凹曲向上的屋面造型。明清建筑称为举架。

庑殿顶：亦称四阿顶、五脊顶。屋顶由一条正脊、4 条垂脊形成前后左右 4 个坡面的屋檐，是中国古代建筑中用于宫殿、坛庙和寺庙中等级较高的一种屋面形式。

歇山顶：亦称九脊顶。屋顶由一条正脊、4 条垂脊和 4 条戗脊组成，形成前后两个大坡檐、左右两个小坡檐以及两个垂直等腰三角形墙面。

悬山顶：由前后两个悬挑于两端山墙外的屋面组成。

硬山顶：前后两个屋面在山墙处不出挑，山墙与屋面齐平。

攒尖顶：由八角、六角、方形、圆形或其他正方形的锥形屋檐组成，是一种在亭、阁式建筑中常用的做法。

单坡顶：由一个屋脊和一个屋檐组成的前低后高的屋面形式。常用于民居。

卷棚顶：两个屋檐在正脊相交处采用凸起弧面相连接的做法。

重檐：在屋顶檐部下方沿建筑物周边再设置一圈坡檐，使建筑具有两重屋檐的做法。常用于等级较高的建筑中。

十字脊：亦称四面歇山顶，古代建筑中屋顶形式之一。由两个歇山顶正交形成的屋顶，屋面变化形式多样，组合复杂，多用于楼阁式建筑中。

鸱吻：亦称“鸱尾”“吻兽”，是屋脊两端的装饰物，宋代以前多作鱼尾状。据《唐会要》，“越巫言，‘海有鱼虬，尾似鸱，激浪即降雨’，遂作其像于屋上，以厌火祥”。唐以后演变为龙首形象。明清时期则向程式化发展，称为“吻兽”。

剪边：屋顶铺瓦的做法。在屋檐边沿铺设一层与其他部位不同颜色的琉璃瓦，具有装饰作用。

方心：屋面铺瓦的一种形式。在屋面中央铺设一几何形的琉璃瓦，常作菱形、方形，区别于其他部位的瓦。具有强调装饰的作用。

勾滴：屋面中勾头瓦和滴水瓦的全称。屋檐檐口处第一块瓦头上饰有瓦当的筒瓦，称勾头，檐口处第一块半凹形的、前端饰有向下折的三角的瓦称滴水瓦。瓦当和瓦唇上通常饰有装饰图案。

钩栏：也作“勾栏”“勾阑”。宋代将钩栏分为单钩栏和重台钩栏。单钩栏上只有一层栏板，等级较低。重台钩栏设有两层栏板，栏板与望柱上饰有图案。常用于等级较高的建筑中。

叠涩：古建砖石结构中一种砌筑方法。将砖或条石逐层依次向外挑出和收进的形式，由此形成曲缓的出挑形式。常用于台基、佛坛、佛座和屋檐等部位。

柱础：古建筑中用在柱脚下防止柱根腐朽和用于装饰的石构件。不同的时代有不同的做法。明清建筑中称为柱顶石。

覆盆柱础：柱础的一种。将柱础做成倒置的盆状。覆盆表面不作雕刻的称素覆盆，有雕花图案的称雕花覆盆。

仰覆莲花：常用于佛塔、佛座台基、柱础上的一种雕刻形式。莲花瓣尖向上翻卷和向下铺展纹样叠合的形式。向上翻卷的莲瓣称仰莲，向下铺覆的莲瓣称覆莲。

宝装莲花：在莲花纹样中再雕刻宝石花的纹样，是一种较高级的装饰纹样。

雀替：古建筑中柱子与额枋间相交处使用的托座，表面雕刻有图案，具有稳定构架和装饰的作用。

隔扇：亦称“格扇”，用于分隔室内和室外的设施。一樘门框内可装双扇、四扇或六扇隔扇。每页隔扇由抹头、裙板、棂子组成。棂子做法有多种，图案变化丰富，具有极强的装饰效果。

直棂窗：用竖直的棂条装饰的窗。用长条形棂条装饰的窗称“板棂窗”；用断面方形、沿对角线对剖为二的三角形棂条装饰的窗称“破子棂窗”，是汉唐时期常用的窗式。宋代开始用图案丰富的隔扇装饰。

五彩遍装：唐宋时期一种等级较高的彩画形式。在构件的正面用青绿叠晕为底，底子用红、黄、蓝、绿等色彩绘制成五彩花纹。构件边缘留白，用青绿色线条勾勒轮廓，侧面用赭色涂朱。色彩强烈、图案华丽，多用于宫殿、寺庙等较高级的建筑上。

七朱八白：唐宋时期一种等级较低的彩画。构件以深赭色遍涂，不绘花纹，边缘用白色勾勒轮廓。拱、昂等构件在正面端头涂土朱色。

窗：在建筑物上用于采光和通风的设施，是建筑立面构图的重要组成部分。古建筑中常用棂条窗、隔扇窗，在园林、民居中有漏窗、假窗、透花窗、落地窗等不同的形式。

须弥座：用于宫殿台基、佛座、塔座等处的重要台座，是仿照佛教中须弥坛形式建造的基座。须弥坛是古代印度佛教传说中的神山。其特点是由上下两端向内叠涩收分成数层，表面刻有莲花等图案和装饰性线脚。佛座中的须弥座有方形、圆形、六角和八角形，高一层或二层。

塔基：塔的基座，位于地宫之上。

普拍枋：古建筑构件名称。用在柱头或阑额之上的扁方形木条，在断面上与阑额呈“丁”字形，清代建筑称平板枋。

丁栿：古建筑构件名称。一端搭在山墙面的斗拱或檐柱上，另一端搭在横梁上，呈丁字形相交的梁。

槫：位于梁头之间或斗拱之间的横向构件，用于承托屋椽的圆木。清式建筑称为檩、檩子。位于不同的位置有不同的名称。如位于屋脊上的称为脊槫，位于屋中部的称平槫，位于檐部的称檐槫。

叉手：在屋架中平梁梁头至脊槫间斜置的木构件，与脊槫呈“人字形”结构，也称斜梁、斜柱，主要起扶持脊槫、防止滚动的作用。唐代以前梁架中只用叉手而不用侏儒柱，宋以后叉手、侏儒柱并用，元代建筑中叉手尺度变小，清代建筑中极为少见。

托脚：下层梁头与上层槫木（檩子）间用于防止槫木滚动、斜置的木构件。多见于元代以前的建筑，明清时极为少见。

化生：装饰图案中手执乐器、花草、器物的人物形象。如人物为儿童，称为化生童子。

月梁：梁的加工方式。将梁的两端加工成向下弯曲的弧面，梁底两端加工成向上弯曲的弧面，梁中段微微隆起，形似弯月，故称月梁。

平梁：古建筑梁架中最上一层的短梁。平梁一般长两椽，中立蜀柱，上承脊槫。唐代建筑中平梁与叉手组成三角形结构。

平柱：古建筑中当心间（明间）左右的檐柱，是檐柱中最短的立柱。

驼峰：梁枋间垫衬用的木墩。通常做成骆驼背峰的形式，故称驼峰。

乳栿：檐柱与内柱间长仅两椽的短梁。长一椽的短梁，称为牵搭。

板瓦：屋瓦的一种，断面圆弧约90°，断面圆弧180°的称为筒瓦。

耍头：在斗拱组合中与令拱垂直相交的构件。出头部分常作艺术加工。

剔地起突：建筑雕刻的一种形式，类似于高浮雕和半圆雕。

壶门：古建筑的台基或佛座的束腰部分的华板上做出的葫芦形的装饰性拱门。

槽：建筑中一列斗拱的纵中线称为槽。根据网格平面布局的不同，有前槽、后槽、内槽、外槽等不同的形式。

替木：承托梁枋接头处的短方木构件。

合沓：用于固定梁架中侏儒柱的扶持构件。明清建筑称为缴背。

枋：断面较梁栿小，与梁垂直，起联系或承重作用的水平构件。

山门：佛寺的外门。

面阔：建筑物正面角柱与角柱之间的距离。正面的长度称为通面阔。

进深：建筑物前檐柱至后檐柱之间的距离。

图书在版编目（CIP）数据

历史的卷轴：山西古代建筑 / 山西省文物局编；
郑庆春，杨国柱著．—太原：三晋出版社，2019.7（2024.7 重印）
（山西文物精华丛书）
ISBN 978-7-5457-1923-9

Ⅰ．①历… Ⅱ．①山… ②郑… ③杨… Ⅲ．①古建筑—介绍
—山西 Ⅳ．①K928.712.5

中国版本图书馆 CIP 数据核字（2019）第 157488 号

历史的卷轴——山西古代建筑

编　　者：山西省文物局
著　　者：郑庆春　杨国柱
责任编辑：朱　屹
责任印制：李佳音

出 版 者：山西出版传媒集团·三晋出版社
地　　址：太原市建设南路 21 号
电　　话：0351－4956036（总编室）
　　　　　0351－4922203（印制部）
网　　址：http://www.sjcbs.cn

经 销 者：新华书店
承 印 者：山西新华印业有限公司

开　　本：787mm × 1092mm　1/16
印　　张：21.25
字　　数：300 千字
版　　次：2019 年 7 月　第 1 版
印　　次：2024 年 7 月　第 5 次印刷
书　　号：ISBN 978-7-5457-1923-9
定　　价：118.00 元

如有印装质量问题，请与本社发行部联系　电话：0351-4922268

山西中考作文冲刺

主编◎张水鱼

山西出版传媒集团·山西春秋电子

山西中
作
冲

主

为你闪烁

名师陪你上考场

母题新练赢高分

山西中考作文冲刺

主编◎张水鱼

山西出版传媒集团·山西春秋电子

山西中

作

冲

主编

为你闪烁

名师陪你上考场

母题新练赢高分